法藏知津

二編：佛教思想研究專輯

杜潔祥 主編

第12冊

《六祖壇經》的生死哲學及其養生觀

邱淑美 著

花木蘭文化出版社

國家圖書館出版品預行編目資料

《六祖壇經》的生死哲學及其養生觀／邱淑美 著 ― 初版 ― 新
北市:花木蘭文化出版社,2015〔民104〕
序 10+ 目 2+144 面;19×26 公分
(法藏知津二編:佛教思想研究專輯 第12冊)
ISBN:978-986-322-148-7(精裝)
1. 六祖壇經 2. 研究考訂 3. 小乘佛教
030.8   102002276

ISBN-978-986-322-148-7

法藏知津二編:佛教思想研究專輯
第十二冊   ISBN:978-986-322-148-7

《六祖壇經》的生死哲學及其養生觀

作　　者　邱淑美
主　　編　杜潔祥
副總編輯　楊嘉樂
編　　輯　許郁翎
出　　版　花木蘭文化出版社
社　　長　高小娟
聯絡地址　235 新北市中和區中安街七二號十三樓
　　　　　電話:02-2923-1455／傳真:02-2923-1452
網　　址　http://www.huamulan.tw 信箱 hml 810518@gmail.com
印　　刷　普羅文化出版廣告事業
初　　版　2015 年 5 月
定　　價　二編 24 冊(精裝)新台幣 40,000 元

《六祖壇經》的生死哲學及其養生觀

邱淑美　著

作者簡介

邱淑美
學歷：東海大學哲學研究所畢業
曾任：台中市法制局秘書室員工
現任：國立空中大學兼任講師
　　　一貫道興毅南興講師
　　　一貫道興毅南興純陽雜誌編輯
著作：《六祖壇經》的生死哲學及其養生觀

2015 年 3 月於 台中真善美書軒

提　　要

　　今日文明與物質的發達，精神文明的落後，以致於人被物役，百病叢生，人倫道德沉淪，人心不古，造成的種種社會亂象，皆因人心迷失了，故慧能大師強調「自性本自清淨」找回自己清淨的本心，就不會有世俗的妄想煩惱。研讀《六祖壇經》體會到，人類的延續是可以無限的，但作為個體存在的自我卻是有限的；當有限的自我面對無限時，往往會產生惶恐不安，人們渴望超越自我卻又難以實現，當人們嚮往永恆又不知所措，《壇經》云：「善知識！智慧觀照，內外明澈，識自本心，若識本心，即本解脫。」慧能大師認為以佛性智慧觀照一切世間萬相，則內心澄明，就能解脫世俗煩惱的束縛，而達心靈境界的自在解脫，而超越精神的永恆。

　　《六祖壇經》對現代人的心靈，可以給人精神得以安慰，讓平凡人走向神聖的過程中，能給人帶來愉悅與希望。禪一向強調「以心傳心」，是人的本心，是自然的生活，可以修心養性、調整人的身心狀況，可以幫助人緩解精神緊張和焦慮的心情，通過回歸自然而放鬆自己，恢復人本來的自信，因而從精神危機中擺脫出來。

　　透過對《六祖壇經》修學，必能邁向身心靈健康的人生。

序

東海大學教授陳榮波博士

　　生死哲學與養生觀已成為當代的顯學，廣受大家關注與熱烈討論的焦點。為何它們如此的重要與值得探究呢？因為由於科學的技術之日新月異與人類生活品質之提高，我們開始思索到自己最切身的基本問題。尤其是惠能所講述而其弟子法海所記錄編輯而成的《六祖壇經》一書針砭此類問題提出精闢的解決之道，值得大家去深入研究與學習。

　　生死學與生死哲學兩者是相異又相即，前者是討論人的生、老、病、死等自然發生現象問題;着重於生命事實的描述 而後者是比前者更進一步地探究人的生命最終極、最深層的形上究竟解脫課題，強調生命的價值觀與生活意義。那麼的說，後者的生死哲學在於論述說明人該如何了脫生死、如何活在當下以及如何養生（即調養生命的意思）等當前重要課題，都在此書中有詳盡的論述，確是難能可貴、深入淺出的老少咸宜之卓越讀物。

　　作者聰慧敏捷，思路清晰，辯才無礙，而以優異成績考取東海大學在職碩士專班，勤奮好學，積勞成疾，罹患心胸悶痛，後來所幸在台中慈濟醫院接受開刀手術，並在醫院期間認真撰寫論文，對人生的生死哲學有更深刻的體驗，最後以名列前矛的第一高分通過口試，獲得碩士學位。她現在身體痊癒，恢復健康，祝福她有更好的膾炙人口著作出版，以饗讀者。

　　邱老師現任教於國立空中大學部講師，她所撰寫《六祖壇經的生死哲學與養生觀》碩士論文，內容論述精湛，文筆流暢，易學易懂，由本人推薦給花木蘭出版社，非常感謝貴社願意斥資出版有益於人生的好書，在此銘謝不已！

論理知識與生命見證
賀論文出版代序

　　一位研究生在提交畢業論文之際，醫師竟宣佈「您得了淋巴癌」，這種生命的衝擊，是最直接、最現實，這位研究生能安然地面對自家生命，又能如期提交論文通過學位論文考試，這種胸襟與慧解，正好是這本論文：《六祖壇經》的生死哲學及其養生觀，最好的生命註腳。這位研究生就是我們道場的邱淑美講師，一位虔誠的修行者，也是一位精勤的好學者。

　　本論文將一千多年前六祖惠能禪師生死哲學的特色與實踐工夫，做了深入的研究解析，且將惠能禪師的養生觀，與中華傳統文化，做了親切的比對發明，足見作者的用心。

　　我們深知，《六祖壇經》能被尊崇為「經」，不只是惠能禪師相契於佛陀本懷，其亦兼攝儒道兩家的精華，可說是儒釋道三大教的集精華者、相融通者，這個精華之集，在論理上是相融無礙，在實修上是交光互映，在文化上是歷久彌新。誠如惠能禪師所開示的三皈依，傳統的皈依佛法僧，應當專屬佛教，但惠能禪師卻闡釋成自性覺、自心正、自身淨，性心身能覺正淨才是真皈依，這與儒家所說性心身一貫，已有著異曲同工之妙，也可說是極相契於孔子的吾道一以貫之。而且更令人肅然起敬的是，惠能禪師臨終前一個月即預知時日，並告知大眾交代後事，且為大眾解惑。看到徒眾悲泣，惠能禪師還說：「汝今悲泣，為憂阿誰？若憂吾不知去處，吾自知去處。若吾不知去處，終不須預報與汝。汝等悲泣，蓋為不知吾去處。若知吾去處，即不合悲泣。」這樣生死一如的生命見證，我們可清晰的看到生命的崇高意義與無上

價值。

　　本論文深入探討《六祖壇經》的生死哲學及其養生觀，為我們做了詳盡的解析，作者雖不是哲學科班一路學習上來，但其人生時時盈溢哲學慧思，尤其在投入哲學研究當中，卻得了重症，這已超乎哲學科班學習所能得解，幸賴作者修行有方，平常練就的哲學慧思能觀能解，終於自我逆轉，通過重症的困擾，完成學位論文，可說讓這本學位論文，不只是呈豐富充實的論理知識，更是充滿生命實感的生命見證。因同是道場的修行者，我們恭賀淑美講師的論文出版，也歡喜推薦給各方有緣。

一貫道總理事長會李玉柱　序於一貫道總會

2011/8/15

心靈的資糧

　　殊勝因圓，閱讀了本論文，有了更深入的洞察力來看待自己，藉由論文體悟到生命中最重要的是甚麼。也讓自己產生巨大的轉變，提昇生命的價值意義。

　　論文中的第一節，研究動機與目的，文中提到作者親自面臨『生死大事』，醫師宣判得了「淋巴癌」，開始思考生命的意義與價值，如何與時間賽跑。作者治療期間，末學也幾次前往醫醫院探視，其中有幾次深入的心靈分享，總發覺作者懷著謙卑與感恩之心，力行實踐自己的生死哲學，很難想像，這個時代還會有如此瀟灑的人，這其中所含的真義，都讓我驚奇和感動不已。

　　過去總覺得死亡離我好遙遠，但當閱讀此論文後，才發現自己沒活過。作者提到生、老、病、死，是生命常態，但人生要怎樣才算沒有白活呢？「人即使離開人世，還會有沒做完的事。」如何在生命的終點站，畫下美麗的句點，瀟灑走一回，作者用豐富的生命經驗與智慧，研究『六祖壇經』的生死哲學，體悟人生的目的不是要做完所有的事情，而是讓生命的本質更有尊嚴，才不會枉渡此生。

　　文中作者提到龍樹菩薩的《中論》「不生亦不滅，不常亦不斷，不一亦不異，不來亦不去。」作者談到「因緣」大都由心生，當我們刻意去做時，「煩惱」就會找上門，如果你不從漩渦中走出，將永遠沉淪於反復的痛苦中。這一思維也和禪宗具有提高人性之尊嚴，與充實生活之存在價值，力行以活出個人主體的價質意義，講求生命與死亡的品質尊嚴，相互輝映。

慈濟功德會志工 林錕銘 恭敬合十

推薦序
參透人生　把握當下

程立民

（臺中市政府法制局秘書室主任）

　　很高興能就本局同仁、也是空大優秀講師邱淑美女士的大作「六祖壇經的生死哲學及其養生觀」撰寫序文，在欣喜閱讀本書付梓之際，深感邱老師確能參透《六祖壇經》的精義及智慧，並提出發人深省的寶貴觀感，實爲兼具學術背景及貼近人生的好書，本人願分享本書的閱讀心得及看法，並強烈推薦本書的正面價值及意義。

　　在快速工業化的時代，現代人勞碌之餘，往往陷於物質層面的取得，卻在精神層面有所迷失。《六祖壇經》雖爲古籍，但是在心靈的安慰及提升上，其實是不分古今的。《壇經》云：「善知識！智慧觀照，內外明徹，識自本心。若識本心，即本解脫。」慧能法師認爲以佛性智慧觀照一切世間萬相，則內心澄明，就能解脫世俗煩惱的束縛，而達心靈境界的自在解脫，超越精神的永恆。

　　本書內容概分爲六章，首章爲緒論，說明撰寫本書之動機以及研究步驟及範圍；第二章敍述《六祖壇經》的思想背景與思想淵源；第三章說明《六祖壇經》的生死哲學內容與架構；第四章分析《六祖壇經》禪學思想中的養生觀；第五章則比較中國傳統儒道兩家的養生觀；第六章結論提出《六祖壇經》的時代意義及其對現代人的影響。這六章的撰寫都是邱老師獨力完成的心血結晶，確能振聾啓瞶，裨益廣大讀者。

　　非常高興有這個機會推薦邱老師這本新書的發行，相信以她的品行、能力及認眞態度，未來必能對此領域有更深度的研究，日後也將必能分享社會大眾，增益國人精神層面，爲國家社會有所建樹。

推薦序
臨終關懷見證眞如

蔡恩霖

（慈濟醫院台中分院 安寧緩和醫學專科醫師）

　　因緣聚會下有此榮幸拜讀邱淑美老師的大作--《六祖壇經》的生死哲學及其養生觀，文中慧能大師因識透宇宙眞理是不生不滅的，故能識透生死的眞如，而達生死解脫。人透過體悟生命存在的意義與價值，俾能使生命變得更加充實和圓滿。

　　慧能大師曰:「何期自性本自清淨，何期自性本不生滅，何期自性本自具足！何期自性本無動搖，何期自性能生萬法。」佛性人人本具、本無差別，只緣迷悟不同。文中談到諸佛出世只爲一大事因緣，是什麼因緣?何等大事?即生死大事也--爲每個人的生死大事，開、示、悟、入佛知見。佛就是覺，所以佛知見，就是覺知見。覺就是包含了正知與正見。我們只要能夠時時刻刻具有正知正見，那就能夠常覺，能夠常覺，就能夠不住。不住於空，不住於有，不住於一切是非煩惱痛苦中。能夠時時刻刻常覺不住，就能觀自在，就是佛。亦是惠能大師所揭櫫：「不修即凡，一念修行，自身等佛。凡夫即佛，煩惱即菩提。前念迷即凡夫，後念悟即佛。前念著境即煩惱，後念離境即菩提。」

　　後學從事安寧緩和醫療工作已近五年，深受邱老師對自身病苦及生命體悟豁達態度的啓發，亦折服於其淵博的儒釋道涵養，有幸拜讀其大作，深有所感亦獲益良多。「臨終關懷」的核心理念在於肯定生命價值及提高末期生命品質，基於尊重生命的理念及人本精神的實踐，提供末期病患全人（身心靈）、全家、全程的關懷與照顧。期能做到使病患及家屬「生死兩相安」的目

標，亦是後學及醫療團隊持續努力的方向。

正如後學從邱老師身上所體現的生命哲學--「追求生命的寬度而不受限於其長度」，誠心推薦此一以其生命及智慧精練的大作與十方有緣大眾共修及共勉之！

謝　誌

　　在此特別感謝花木蘭文化出版社爲中國文化思想的推廣，讓後學有機會出版此書《六祖壇經》的生死哲學及其養生觀。感謝一路來提攜我的師長們，大學的恩師林連聰教授、陳竹義老師。研究所的恩師陳榮波教授、魏元珪教授、鄺芷人教授、蔡仁厚教授等的教誨。感謝慈濟醫院台中分院中醫部王人澍副院長的提拔，感謝慈濟醫院台中分院安寧緩和醫學專科蔡恩霖醫師鼓勵，感謝慈濟功德會林坤銘師兄賢伉儷在後學生病期間的照顧。感謝李玉柱副前人以及台中市法制局秘書室主任的提攜之恩。感謝我親愛的家人蔡昆玉、黃秀英賢伉儷的陪伴，感謝蔡恩霖、徐湘萍、徐湘姿、郁永淳的無限付出與護持。更感謝我的父母邱景利、邱程珠碧對我的養育與栽培之恩。無限的感恩，謹以此書分享給所有此生應感謝的親朋好友們，感謝大家。

二〇一五年三月於 台中眞善美書軒
邱淑美 謹識

第一章　緒　論

第一節　研究動機與目的

　　生、老、病、死，是釋迦牟尼佛出家的因由，也是人類無法避免的生命過程。無論出生在權勢顯赫的帝王將相家，還是普通的平民百姓，最終都必須走向一個共同的歸宿——死亡。因此，當吾們去探討生命的底蘊之時，首先要面對的問題是：生從何來？死從何去？

　　慧能是中國思想文化史上最有影響的佛教人物之一。禪宗淵源於印度佛教，卻是形成於傳統思想文化之中，是外來佛教在中國這塊土地上生根開花結果，是印度佛教中國化的產物。禪有印度禪和中國禪之分，禪宗也有北宗和南宗之別。慧能開創的禪宗南宗是中國佛教史上流傳最廣、影響最大的禪宗派別，也是中國化最爲典型的佛教宗派。中國佛教禪學一方面堅持印度佛教的基本教義，以因果輪迴說來作答，另一方面也從萬法虛幻、因緣而生的觀點出發，發揮了生死無常、自然解脫的觀點。

　　慧能見到弘忍時，便說：「惟求作佛，不求餘物。」〔註1〕慧能大師繼承佛陀創教的基本精神，重視實踐，強調心的解脫，將佛教的人生觀與中國儒家的人文精神，和老莊玄學的自然主義互相結合；認爲，人人都具有清淨的佛性，人人都能解脫成佛。佛性並不是一個主體的客體，也不是靠理論思維去把握的對象，而是靠實踐，來體悟生命的眞實義。

―――――――――

〔註1〕本文所引用壇經原典乃取自，元・宗寶編，《六祖大師法寶壇經》《卍正藏》
　　　　59 冊，台北：新文豐出版社，民國 69 年 6 月，第 0006 頁上。

　　弘忍大師對門徒說：「世人生死事大〔註2〕，汝等終日只求福田，不求出離生死苦海。」〔註3〕認爲，人生如苦海，無邊無際，世人終日只追求福報，卻不知脫離生死輪迴的苦海。

　　禪宗認爲，生死事大，欲求出離生死苦海，就不應該對生死作理智的探究，而應該於日常的自然生活中來了悟人生從何來、死向何處去這個既玄又遠的現實問題，應該超越人我、主客的對立而直契生命的本然。

　　雖說生、老、病、死是生命的常態，但絕大多數的人而言，死亡仍然構成一種無所逃於天地之間的恐佈威脅。然而，如果從另一個角度來看，既然無可逃避，何妨勇敢地面對，就如同庫布樂‧羅絲（Elizabeth Kubler-Ross）所言，將死亡視爲一項生命的挑戰。對於生命與死亡，雖然我們無法強制加上絕對客觀的價值與意義，但是我們可以力行以活出個人主體的價值意義，同時也可以在其中參究生死的奧秘，講求生命與死亡的品質，並展開生命與死亡的尊嚴。〔註4〕

　　後學就在提畢業論文之際，親自面臨「生死大事」，醫師宣判「妳得了淋巴癌」，此時與死亡第一次近距離的接觸；便開始思考生命的意義、價值，如何與時間賽跑，完成此生未完成的生命課題。面對死亡這門必修的課程，後學如此的驚慌失措，措手不及，進而想探討古聖先哲的生死觀，如何在生命的終點站，畫下美麗的句點，瀟灑走一回。

　　從陳榮波教授的「《六祖檀經》看禪宗的生命的光輝」一書中談到生命的光輝，而找到後學研究《六祖壇經》的生死哲學及其養生觀之動機與目的。

〔註2〕丁福保原著‧蔡運辰彙編著《丁氏佛學叢書之二十四——六祖壇經箋註》北海出版，民國59年5月初版，第6頁。楞嚴經‧三、生死死生、生生死死、如旋火輪。（○天台四教儀、從地獄至非非想天、雖然苦樂不同、未免生而復死、死已還生。故名生死。○天台四教儀、從地年光景、全在剎那。四大幻身、啓能長久。）

〔註3〕丁福保原著‧蔡運辰彙編著，《丁氏佛學叢書之二十四——六祖壇經箋註》北海出版，民國59年5月初版，第6頁。言生死之苦、如大海、無邊際也。○六祖金剛經口訣、凡夫之人、生緣念有。識在業變。習氣薰染、因生愈甚。故既生之後、心着諸妄。忘認四大、以爲我身。妄認六親、以爲我有。忘認聲色、以爲快樂。忘認塵勞、以爲富貴。心目知見、無所不忘。諸忘既起、煩惱萬差。妄念奪眞、眞性遂隱。人我爲主。眞識爲客。三業前引。百業後隨。流浪生死、無有涯際。生盡則滅。滅盡復生。生滅相尋、至隨諸趣。轉輾不知、愈恣無明。造諸業罣。遂至塵沙劫盡、不復人身。

〔註4〕釋慧開著，《儒學生死學與哲學論文集》，臺北市：洪葉文化2004，第184頁。

其中闡明禪宗的生命光輝如下：

禪宗的目的在於直接契合於佛的正覺，主要在把我們的覺性發揚光大。我們能夠把覺性充分發輝，則人生的幸福就在你的眼前。我們研究禪宗思想，要把握禪機，護持自性，使生命昇發，否則生命就會枯萎凋謝。聖印法師在其『六祖壇經講話』自序上說：「心性有了覺悟，自然靈明通達，心裏通達就是智慧，智慧透徹就是道德。道德的至上光輝，則是引領人進入純眞完美，至善的境界！」因此，禪宗可說爲眞、善、美的結品：一、從眞方面來說，它是講般若三昧，可說是高度智慧的表現。二、從善的方面來說，它發輝佛陀的「拔苦與樂」之美德，轉三毒（貪、嗔、癡）爲三學（戒、定、慧），可說是道德理想的實踐。三、從美方面來說，它講解脫自在，變化人的氣質，美化人生，可說是藝術美的圓融昇華。總之，禪宗具有「提高人性之尊嚴與充實生活內容」之存在價值，眞是宇宙人生之一大寶藏，值得大家去珍惜！去開採！〔註5〕如何在《六祖壇經》啓發自性，開採生命的眞如，達到眞、善、美的人生境界，是後學努力的目標。在科技日新月異與生物資訊文明的現代人，如何培養對「死亡」與「生命」的思考，是此生重要的生命課題，從中體會人生的價值，進而體會如何尊重生命，由生命的過程體悟生死，透視生命的價值，讓自己的生命活得更有意義、更充實。

第二節　　研究方法及範圍

「方法」的英文：「Method」直譯則爲「追蹤著路」亦即是按照一定路向追尋的意思。而所謂「知識」（Knowledge），也就是建基在這「方法」上，藉由「方法」所獲得的一些認識成果。〔註6〕「方法」這個語詞、概念，不僅是作爲獲得「知識」之手段、步驟或途徑 的意義而出現，因爲，就日常的一班意義而言，爲了達成某種任務或工作，甚至是爲了實現人生的理想、乃至想要成就某種特殊的精神人格或心靈境界，只要著眼於其具體的操作或活動過程，無疑都可成立所謂「方法」的意義。

《六祖壇經》是慧能說法渡人、一生行誼之記錄。壇指開法、傳禪、授

〔註5〕 陳榮波博士著，《禪海之筏》，志文出版社，1993 年 11 月再版，41～42 頁。

〔註6〕 請參見【德】布魯格編著、項退結編譯，《西洋哲學辭典》，台北：華香園出版社，1992 年，增訂第二版，「Methodz 方法 214」條，頁 335～337；「Knowledge 認識，知識 187」條，頁 297～299。

戒的「壇場」。慧能在大梵寺，說「摩訶般若波羅蜜法，授無相戒」弟子記錄下來，就稱《壇經》，它記載慧能大師的思想及其言行。慧能大師授戒說法的主要內容，加上他平時回達信眾請益，以及爲門徒釋疑解惑的有關談話，由其弟子筆錄下來，就成了《壇經》的主體部分。由於慧能的弟子眾多，在其身後，仍有大量資料公諸於世。一般認爲《壇經》乃是慧能大師說法，由其弟子法海集錄再由神會或其弟子補充。但是胡適先生在《荷澤大師神會傳》中提出了《六祖壇經》是神會所作的新觀點，引起學術界廣泛的討論。

《六祖壇經》的版本眾多，有三十多種版本流傳於世，其中有四種代表性的版本如下：「敦煌本」、「惠昕本」、「契高本」和「宗寶本」。

1. 「敦煌本」是二十世紀上半葉在敦煌發現的《六祖壇經》手鈔本，全稱《南宗頓教最上大乘摩訶般若波羅蜜經六祖惠能大師於韶州大梵寺施法壇經》，是已發現最早的寫本。現存的敦煌本有兩種：一是保存於倫敦大英博物館、編號爲「斯五四七五」的本子，學術界稱之爲「敦煌本」；二是保存於中國敦煌博物館，編號爲「敦博０七七」的本子，學術界稱之爲「敦博本」或「敦煌新本」。兩種敦煌本的抄寫，大約都是在唐末至宋初這一段時期，風貌古樸，因而具有不容替代的文獻價值。

2. 「惠昕本」是經過僧人惠昕整理過的本子，全稱《韶州曹溪山六祖師壇經》。此版本共分十一門標題，如下：一、緣起說法門；二、悟法傳衣法門；三、爲十眾說定慧門；四、教授坐禪門；五、說傳香懺悔發願門；六、說一體三身佛相門；七、說摩訶波若波羅蜜門；八、問答功德及西方相狀門；九、諸宗難問門；十、南北二宗見性門；十一、教示十僧法門。

3. 「契高本」是由北宋僧人契高整理修訂的本子，全稱《六祖大師法寶壇經曹溪原本》。此版本共有十個章目，如下：悟法傳衣第一，釋功德淨土第二，定慧一體第三，教授坐禪第四，傳香懺悔第五，參請機緣第六，南頓北漸第七，唐朝徵詔第八，法門對示第九，付囑流通第十。

4. 「宗寶本」是經元代僧人宗寶整理修訂的版本，全稱《六祖大師法寶壇經》。宗寶本的主要內容與契高本基本相同，只是品目一律改爲兩字，具體語句有少量的變動。明代以後，宗寶本成爲流通最廣、影響最大的《壇經》版本。

慧能《六祖大師法寶壇經》在長期的流傳的過程中，被後人不斷的修訂、增益、整理或改寫，成爲禪宗文化的重要經典。後學在其眾多版本中探討其

相同的部份，進而確實瞭解《壇經》的基本要意，也藉由不同版本內容中更能廣泛的穫取分析慧能大師的主要思想來做爲本文的參考資料。

　　針對眾多不同的版本，對此文獻的考究乃屬考據之範圍。後學撰寫本文並非要研究《壇經》的考據，而是著重於《六祖壇經》的生死哲學及其養生觀的特色，將其精神加以應用影響現代人的生死觀與養生觀，進而提昇生命的意義與品質。因此後學選擇流動最廣也是大家最熟悉的「宗寶本」作爲研究題材，再輔以其它版本來加強對慧能大師思想的瞭解與補充。另外後學也參考有關佛學經典、生命哲學、禪學、生死學、心理學、道家、儒家思想等相關書籍來輔助。希望從慧能大師的思想中找到出離生死之道，瀟洒的面對「生死大事」；再將其禪學思惟應用在現代養生觀，以面對繁忙、緊張、高壓的時代，以求心靈的自在、解脫，達到平靜。

　　本文內容分爲六章、第一章爲緒論，說明撰寫本文之動機以及研究步驟及範圍。第二章敘述《六祖壇經》的與思想背景與思想淵源。再探討《六祖壇經》與其引用經典之要意。第三章　說明《六祖壇經》的生死哲學內容與架構。第四章分析《六祖壇經》禪學思想中的養生觀。第五章　兼與中國傳統儒道兩家養生觀之比較。第六章　結論提出《六祖壇經》的時代意義及其對現代人的影響。

第二章　《六祖壇經》思想背景與
思想淵源

第一節　《六祖壇經》的思想背景

　　慧能大師生於唐太宗貞觀十二年（西元 638 年），卒於唐太宗二年（西元
713 年）。有關慧能大師的生平事蹟，以王維〔註1〕所作的〈六祖能禪師碑銘〉
一文記載最早。此後在《荷澤神會禪師語錄》、《歷代法寶記》、《曹溪大師別
傳》、柳宗元〈賜諡大鑒禪師碑〉以及〈大鑒禪師第二碑〉中，均有介紹慧能
的生平、履歷、思想、言行以及傳聞。後學綜合上述資料加以整理，對慧能
大師的生平大體明晰。慧能一名，唐代的文獻又可稱惠能。在唐代惠與慧是
可通用的。慧能的弟子法海，曾撰有〈六祖大師法寶壇經略序〉其中說：

> 大師名惠能，父盧氏，諱行瑫。唐武德三年九月，左官新州。母李
> 氏先夢庭前白華競發，白鶴雙飛，異香滿室，覺而有娠，遂潔誠齋
> 戒。懷妊六年，師乃生焉，唐貞十二年，戊戌歲二月八日子時也。
> 時毫光騰空，香氣芬馥。黎明，有二僧造謁，謂施之父曰：「夜來生
> 兒，專為安名，可上惠下能也。」父曰：「何名惠能？」僧曰：「惠
> 者，以法惠濟眾生；能者，能作佛事。」言畢而出，不知所之。」

　　另外，《景德傳燈錄》〔註2〕中記載：「第三十三祖惠能大師者，俗

〔註1〕王維字摩詰，唐武后（西元 701 年），卒於肅宗上元二年（西元 761 年），河
　　　東（永濟）人。從小聰明過人，於開元九年（西元 721 年）中進士。
〔註2〕《景德傳燈錄》30 卷，簡稱《傳燈錄》，北宋僧人道原所撰。今亦有人稱《景

> 姓盧氏。其先范陽人，父行瑫，武德中，左宦於南海之新州，遂佔
> 籍焉。三歲喪父，其母守志鞠養。及長，家尤貧，師樵采以給。」
> 一日負薪至市中，聞客讀《金剛經》，悚然問其客曰：「此何法也？
> 得於何人？」客曰：「此名《金剛經》，得於黃梅大師。」師據告其
> 母以爲法尋師之意。〔註3〕

據以法海的記載，慧能生來就有異相，與一般人不同，天生就有普渡眾生的
重責大任。慧能大師俗姓盧氏，祖籍范陽，現今的河北省，父親因貶官，舉
家遷來嶺南，即現今的廣東省新興縣。慧能三歲喪父，家境貧困，孤兒寡母
相依爲命，靠母親含辛茹苦把他撫養長大。長大後因家境貧困不堪，故撿材
爲生，奉養慈母。有天因緣巧合之下，巧遇顧客誦念《金剛經》，當下心開悟
解，萌生求法之意。從顧客口中得知此法來自蘄州黃梅弘忍大師之傳，隨及
告知慈母爲法尋師之意，安頓好母親即刻踏上尋法之旅。

> 直抵韶州，遇高行士劉志略，結爲交友。尼無盡藏〔註4〕者，即志
> 略之姑也。常讀《涅槃經》〔註5〕，師暫聽之，即爲解說其意。尼
> 遂執卷問字，師曰：「字即不識，義即請問。」尼曰：「字尚不識，
> 曷能會義？」師曰：「諸佛妙理，非關文字。」尼驚異之，告鄉里者
> 艾云：「能是有道之人，宜請供養。」於是居人競來瞻禮。〔註6〕

慧能在韶州遇到劉志略居士，兩人道同志合結爲好友。劉居士有位出家爲尼
的姑母叫無盡藏，時常誦讀《大涅槃經》。慧能一聽便領悟其精妙的佛理，雖
然女尼懷疑不識字的慧能大師，焉知佛理；但是，慧能告知：「諸佛所說的精

德錄》，「景德」，是宋眞宗年號；「傳燈」出自禪宗的譬喻。禪宗認爲傳法如
傳燈，以爲智慧能減愚癡，猶如燈能照暗，如《壇經·懺悔品》說「一燈能
除千年暗，一智能減萬年愚。」共收 1701 人，敘述歷代禪師的語錄和品性。
宋·釋道原，《景德傳燈錄》，出版台北：新文豐社，民 82 年 4 月一版六刷。

〔註3〕宋·釋道原，《景德傳燈錄》，出版台北：新文豐社，民 82 年 4 月一版六刷，
卷五，頁 80。

〔註4〕無盡藏，佛之功德廣大無邊，蘊藏無盡之義。

〔註5〕《涅槃經》 即是《大般涅槃經》，有南北兩種譯本，北本爲北京曇無讖譯，
共四十卷。南本由南朝宋慧嚴、慧觀與謝靈運整理而成，共三十六卷。記載
釋迦牟尼佛入涅槃前說法的情況，對大乘義理作總結性的闡述。此經主旨是
在發揮如來藏（佛性）的思想，闡述成佛之道。涅槃，指圓寂，後世僧人去
世稱涅槃。宋·釋道原，《景德傳燈錄》，台北：新文豐出版社，民 82 年 4 月
一版六刷，卷五，頁 81。

〔註6〕宋·釋道原，《景德傳燈錄》，台北：新文豐出版社，民 82 年 4 月一版六刷，
卷五，頁 81。

妙義理，與文字無關。」由此可見，慧能大師的悟性是超越現象界而進入本體界的。讓女尼對慧能的德性佩服不已，進而受到眾人的供養，紛紛前來瞻禮。

> 近有寶林寺舊地，眾議營緝，俾師居之。四眾霧集俄成寶坊。師一日忽自念曰：「我求大法，豈可中道而止？」明日遂行，至昌樂縣西山石室間，遇智遠禪師。師遂請益，遠曰：「觀子神姿爽拔，殆非常人。吾聞西域菩提達摩傳心印於黃梅，汝當往彼參決。」師辭去，直到黃梅之東禪〔註7〕，即唐咸亨二年也。忍大師一見，默而識之。後傳衣法，令隱於懷集、四會之間。〔註8〕

在眾人的護持之下，慧能就在寶林古寺居住了一些日子。有一天惠能忽然覺省，當初離開慈母是為了求法，焉可貪圖安逸半途而廢。遂而告別大眾，行至昌樂縣西安石窟，向智遠禪師參問求法。因為慧能英姿挺拔，根氣非凡，非等閒之輩，因此智遠禪師告知慧能應到黃梅東山求心印之法。慧能辭別了智遠禪師，徑行造訪黃梅東山寺拜見弘忍大師。慧能見弘忍大師後，因其悟性深厚，作了一偈：「菩提本無樹，明鏡亦非臺。本來無一物，何處惹塵埃？」〔註9〕弘忍大師見慧能悟性出眾，深得禪心，便當夜密傳心法，授給祖師袈裟，成為東山法門第六位傳人。囑咐慧能迅速離開東山，暫時在懷集（今屬廣東）、四會（廣東粵海）隱居，等待時機成熟，再出來弘揚佛法。

> 至儀鳳元年丙子正月八日，居南海，遇印宗法師〔註10〕於法性寺〔註11〕講《涅槃經》。師偶止廊廡間，暮夜，風颺剎幡。聞二僧對論，一云幡動，一云風動，往復酬答，未曾契理。師曰：「可容

〔註7〕湖廣通志七十八黃梅縣，東禪寺在黃梅縣西南一里。五祖傳衣鉢於六祖處。有六祖簸糠池、墜腰石、及吳道子傳衣圖。宋‧釋道原，《景德傳燈錄》，台北：新文豐出版社，民82年4月一版六刷，卷五，頁81。

〔註8〕宋‧釋道原，《景德傳燈錄》，台北：新文豐出版社，民82年4月一版六刷，卷五，頁81。

〔註9〕宗寶，〈六祖壇經〉《卍正藏》第五十九冊，台北：新文豐出版社，民國六十九年六月，頁0006上。

〔註10〕《傳燈錄 五》印宗法師 唐代禪僧，吳郡人。咸亨元年至長安，後往黃梅見五祖弘忍，通《涅槃經》開元年去世。台北：新文豐出版社，民82年4月一版六刷，卷五，頁81。

〔註11〕法性寺 唐代寺名，今廣州故西北。三國時，多數學者居此講學，後來施宅為寺。東晉至唐代，印度僧人來此傳法者甚多。寺名多次更改，宋後改為光孝寺。

俗流輒預高論否？直以風幡非動，動自心耳。」印宗竊聆此語，竦然異之。翌日，邀師入室，徵風幡之意義。師具以理告，印宗不覺起立，云：「行者定非常人，師為誰？」師更無所隱，直敘法因由。於是，印宗執弟子之禮，請授禪要。乃告四眾曰：「印宗具足凡夫，今遇肉身菩薩〔註12〕。」即指坐下盧居士云：「即此是也。」因請出所傳信衣，悉令瞻禮。至正月十五日，會諸德，為之剃髮。〔註13〕

儀鳳元年，慧能見時機成熟，於是出來弘法。先到南海，遇印宗法師在法性寺講《涅槃經》。時有風吹動剎幡，有二僧為此爭論，一僧說幡動，一僧說風動。慧能見其未契理，上前說：「不是風動，不是幡動，仁者心動。」〔註14〕此言一出，大家都感到非常驚訝。印宗法師將慧能請到上席坐下，向他請教佛經中深奧的義理。印宗見慧能言辭簡明扼要，說理精妙允當，不拘泥於佛經上文字，而是內心的悟解。即知慧能非等閒之輩，於是對他恭身行禮，說：「行者非尋常之人，請問授業恩師？」慧能不隱瞞，向印宗披露得法的經過和原由。印宗得知慧能得了五祖的真傳後，便行弟子之禮，恭請慧能開示禪法大要。對大眾說：「印宗雖出家授戒，實乃一凡夫，而今在你們面前這位居士，卻是一位肉身菩薩。」印宗請惠能出示五祖弘忍表信的袈裟，讓大眾瞻仰和禮拜。正月十五那天，印宗法師為慧能剃髮。

中宗神龍元年〔註15〕降詔云：「朕請安、秀二師〔註16〕宮中供養，萬機之暇每究一乘，二師並推讓云：『南方有能禪師，密授忍大師衣法，可就彼問。今遣內侍薛簡馳詔迎請，願師慈悲，速赴上京。』」師上表辭疾，願終林麓。薛簡曰：「京城禪德皆云：『欲得會道，必須坐禪習定。若不因禪定而得解脫者，未之有也〔註17〕。』」未審師

〔註12〕肉身菩薩 即生身菩薩，由父母所生之身的凡胎俗骨，修煉成為具有菩薩道行與果報的人。

〔註13〕宋·釋道原，《景德傳燈錄》，台北：新文豐出版社，民82年4月一版六刷，卷五，頁81。

〔註14〕宗寶，〈六祖壇經〉《卍正藏》第五十九冊，台北：新文豐出版社，民國六十九年六月，頁0008下。

〔註15〕唐中宗元年，西元705年。

〔註16〕安秀二師 是指慧安、神秀。嵩嶽慧安，初唐著名禪師，武后時徵至京師，待以國師之禮。神龍二年中宗賜紫袈裟，延入禁中供養。神龍三年，辭歸嵩嶽，享年一百二十八歲。神秀，武后時被召入京師，於內道場供養，當時被推許為「兩京法主，三帝國師」，神龍二年去世。

〔註17〕宋·釋道原，《景德傳燈錄》，台北：新文豐出版社，民82年4月一版六刷，

所說法如何？」師曰：「道由心悟，豈在坐也？經云：『若見如來，
若坐若臥，是行邪道。』〔註18〕何故？無所從來，亦無所去。若無
生滅，是如來清淨禪。諸法空寂，是如來清淨坐。究竟無證，豈況
坐耶？」〔註19〕

神龍元年唐中宗降詔，遣宮廷內侍薛簡迎請慧能大師進京授法。慧能上表推
說有病無法赴京，表達自己志願終老山林。薛簡問京城的禪師說：「如果想要
成究佛道，都必須坐禪習定。」慧能大師為他解說：「佛道要靠心悟，不能靠
坐而得。經云：『若見如來，若坐若臥，是行邪道。』何故？因為如來沒有來
處，沒有去處。無生無滅，這才是如來的清淨禪法；一切諸相空幻寂滅，就
是如來清淨坐法。如來法身尚且無法證驗，更何況如來打坐的形相呢？」〔註
20〕慧能大師言中之意，是要人們在自性中體悟佛性無生無滅、諸法空寂的境
界，只有如此體悟才是真正的坐禪。

簡曰：「弟子回京，主上必問。願師慈悲，指示心要，傳奏兩宮，
及京城學道者。譬如一燈燃百千燈〔註21〕，冥者皆明，明明無盡。」
師云：「道無明暗，明暗是代謝之義。明明無盡，亦是有盡，相待
立名。故《淨名經》云：『法無有比，無相待故。』」簡曰：「明喻
智慧，暗喻煩惱。修道之人，儻不以智慧照破煩惱，無始生死，憑
何出離？」師曰：「煩惱即是菩提，無二無別。若以智慧照破煩惱

卷五。南嶽禪師，見馬祖坐禪次。師欲接之。故將片磚組庵前石上，磨之復
磨。祖曰：作甚麼？師曰：磨磚作鏡。祖曰：磨磚豈得成鏡。師曰：磨磚既
不成鏡，作禪啟能成佛。祖曰：如何即是。師曰：如牛駕車，車若不行，打
牛即是，打車即是。祖無對。師又問：汝學坐禪，為學作佛，若學坐禪，禪
非坐臥；若學坐佛，佛非定相，於無住法，不應取捨；汝若作佛，即是殺佛。
若執坐相，非達其理。取自丁福保原著‧蔡運辰彙 編著《丁氏佛學叢書之二
十四——六祖壇經箋註》北海出版 民國 59 年 5 月初版，頁 92。

〔註18〕取自丁福保原著‧蔡運辰彙 編著《丁氏佛學叢書之二十四——六祖壇經箋註》
北海出版 民國 59 年 5 月初版 九十二頁《金剛經》云若有人言如來、若來、
若去、若坐、若臥。是人不解我所說義。何以故。如來者，無所從來，亦無
所去，故名如來。

〔註19〕宋‧釋道原，《景德傳燈錄》，台北：新文豐出版社，民 82 年 4 月一版六刷，
卷五，頁 81。

〔註20〕宋‧釋道原，《景德傳燈錄》，台北：新文豐出版社，民 82 年 4 月一版六刷，
卷五，頁 81。

〔註21〕姚秦‧鳩摩羅什譯《維摩詰所說經‧菩薩品》收於《大正藏》第十四冊，台
北：新文豐出版社，1983 年 1 月修訂版。云「無盡燈者，譬如一燈燃百千燈，
冥者皆明，明終不盡。」

者，此是二乘見解，羊鹿等機。上智大根，悉不如是。」簡約：「如
何是大乘見解？」師曰：「明與無明，凡夫見二，智者了達〔註22〕，
其性無二。無二之性，即是實性。實性者，處凡愚而不滅，在聖賢
而不增，住煩惱而不亂，居禪定而不寂。不斷不常，不來不去，不
在中間，及其內外，不生不滅，性相如如〔註23〕。常住不遷，名
之曰道。」〔註24〕

薛簡要慧能傳授禪宗妙法，好奏稟太后與皇上，並告知京城修學佛道之人。
像一燈燃千燈的燈燭，使黑暗變光明，使光明相傳永無止盡。慧能告知：「佛
性無明暗兩端，光明與黑暗是相互替代的。總有熄滅的一天，因為它們相互
依存才有了明與暗。所以《維摩詰經》上說：「佛法不能比擬，因為它是絕對
無待的緣故。」慧能認為佛性不二，在凡不滅，在聖不增，這就是真實佛性。
向薛簡講解「煩惱即是菩提」的妙旨，它們相合不二，具有共同的本質，即
是永恆的實性。

簡曰：「師說不生不滅，何異外道？」師曰：「外道所說不生不滅者，
將滅止生，以生顯滅，滅猶不滅，生說無生。我說不生不滅者，本
自無生，今亦無滅，所以不同外道。汝若欲知心要，但一切善惡都
莫思量，自然得入清淨心體，湛然常寂，妙用恆沙。」簡蒙指教，
豁然大悟。禮辭歸闕，表奏師語。有詔謝師，並賜摩納袈裟、絹五
百匹、寶缽一口。十二月十九日，敕改古寶林為中興寺。三年十一
月十八日，又敕韶州刺史，重加崇飾，賜額為法泉寺，師新州舊居
為國恩寺。〔註25〕

慧能大師再對廷官說法性不生不滅的妙旨，與外道所說的不生不滅是有區別
的。大師說：「外道所說的不生不滅是用死亡來阻斷生命，用生命的存在來顯
示死亡的斷滅。他們的滅就是不滅，求生卻口說不生。我所說法性的不生不

〔註22〕 姚秦‧鳩摩羅什譯《維摩詰經‧不二法門品》收於《大正藏》第十四冊，台
北：新文豐出版社，1983年1月修訂版。云：「明、無明為二。無明實性即是
明，明亦不可取，離一切數，於其中平等無二者，是為不二法門。」

〔註23〕 性相如如　實性的存在就是真如常住，他不動搖，也不遷化。《金剛經》云：「不
取於相，如如不動。」

〔註24〕 宋‧釋道原，《景德傳燈錄》，台北：新文豐出版社，民82年4月一版六刷，
卷五，頁81。

〔註25〕 宋‧釋道原，《景德傳燈錄》，台北：新文豐出版社，民82年4月一版六刷，
卷五，頁81。

滅，因為本來沒有生成，也就沒有斷滅。」再傳授禪宗要旨，只要將世俗的善惡都不去思考，自然能進入清淨無染的自心本體。慧能大師的說法得到朝廷降詔褒揚，並賜名慧能舊居寺院為「國恩寺」。後來先天二年，慧能預知壽命將盡，回故居國恩寺，同年八月，慧能去世，享年七十六歲。

慧能一個不識字的的樵夫，又是一位未開化的南國百姓。然而，他經過對宗教與人生問題的省思探究，以及其堅毅不拔的信念與實踐，終於成為禪門祖師。記錄慧能一生的言行的《六祖壇經》，是古代中國人的佛學著作唯一被稱為「經」的一部，對中國佛學影響既深又遠。

從《六祖壇經》中，吾們知道慧能有著卓越的人格與寬厚的胸襟，其思想是精湛深遠的，故而，後學探究慧能大師思想之時，必先瞭解其時代背景。禪的起源，宋·比丘悟明集，《聯燈會要》卷一載：

> 世尊一日升座，大眾集定，迦葉白槌云：世尊說法竟。世尊便下座。世尊在靈會上，拈花示眾，眾皆默然，唯迦葉破顏微笑。世尊云：「吾有正法眼藏，涅槃妙心，實相無相，微妙法門，不立文字，教外別傳，付囑摩訶迦葉〔註26〕。」妙喜云：「拈起一枝花，風流出當家，若言付心法，天下事如麻。」世尊昔至多子塔前，命摩訶迦葉分座，以僧伽梨圍之，乃告云：「吾有正法眼藏，密付於汝，汝當護持，傳付將來，無令斷絕。」〔註27〕

上述記載，釋迦牟尼佛在靈鷲山對弟子說法，與會者天眾、人眾共聚一堂，盛況空前，靜待佛陀開示妙法。但，佛陀不說一語，只是拿了一朵花展示在眾人面前而已。眾人皆不知佛之大意，唯獨摩訶迦葉對佛陀會心的一笑，領悟佛陀實相無相、不立文字、微妙心法。從此禪宗的「以心印心」、「不立文字」、「教外別傳」的微妙法門就此開展。

禪宗發端於南北朝時代，印度僧人菩提達摩來華傳法。禪宗的理論基礎是如來藏緣起法，認為一切眾生皆有佛性，皆能成佛。只因妄念遮蔽而不顯，若能當下頓除妄念，則能見自本心。禪宗強調「教外別傳，不立文字」，注重從自性修持頓見佛性。據宋·道原《景德傳燈錄》卷第三載：

〔註26〕摩訶迦葉尊者　即是大迦葉，古印度摩竭陀國人，為佛十大弟子之一。據傳佛在靈山會上，拈花示眾，是時眾人皆默然，唯摩訶迦葉破顏微笑，佛祖遂傳心印。後世推崇為西天初祖。

〔註27〕宋·比丘悟明集，〈聯燈會要〉卷一，《佛光大藏經》禪藏·史傳部，高雄縣：佛光出版社，民國八十三年十二月初版，頁13。

第二十八祖菩提達摩者，南天竺國〔註28〕香至王第三子也。姓剎帝利，本名菩提多羅。後遇二十七祖般若多羅，至本國受王供養，知師密跡，因試令與二兄辨所施珠寶，發明心要，既而尊者謂曰：「汝於諸法，已得通量。夫達磨者，通之大義也。宜名達磨。」因改號菩提達摩。〔註29〕

《大梵天王問佛決疑經》載：釋迦牟尼佛當年拈花示眾，不立文字，教外別傳，以心印託付摩訶迦葉，代代相傳，傳至第二十八代菩提達摩，於梁武帝時來華，在北方傳播佛法，開創中國禪宗，後人尊稱為中國禪宗初祖。達摩傳法側重以心傳心，其別具一格的禪風在中國生根發芽，直到六祖慧能以「無念為宗，無相為體，無住為本」（《六祖壇經・定慧品》），以定慧二學為正面詮釋，禪宗才在中國真正形成。達摩東來興起中土禪宗風，唐・道宣《續高僧傳》卷十六云：

菩提達摩，南天竺婆羅門種，神慧疎朗，聞皆曉悟，志存大乘，冥心虛寂，通微徹數，定學高之。悲此邊隅，以法相導，初達宋境南越，末又北度至魏，隨其所止，誨以禪教。〔註30〕

初祖菩提達摩於六朝齊、梁自印度來華，後至洛陽弘揚佛法，並以《楞伽經》四卷授予弟子慧可。初祖菩提達摩「深信眾生同一真性，客塵障故，令捨偽歸真」《續高僧傳・菩提達摩傳》。〔註31〕達摩認為一切眾生「真性」，真性就是佛性，所有眾生皆有相同的佛性，只是被煩惱妄念所遮蔽，只要捨離妄想回歸真性，就能成佛。

二祖慧可傳法於僧璨，慧可認為「天下有日月、木中有炭火，人中有佛性。」（《楞伽師資記・慧可傳》）凡夫身中本來就有佛性。據《景德傳燈錄》卷三：「是心是佛」、「本迷摩尼謂瓦礫，豁然自覺是真珠」、「觀身與佛不差別」。慧可認為人心就是佛心，人人都有成佛的可能。又把「摩尼」和「真珠」比喻真性、佛性，眾生執迷不悟真性與佛性就無法朗現，如此真珠（佛性）也成了瓦礫。慧可主張「豁然自覺」，深入觀照，他繼承達摩「眾生同一真性」

〔註28〕南天竺國位於天竺的國家。天竺是印度的古稱，佛教的發祥地。
〔註29〕大唐・道宣《續高僧傳》30卷《卍正藏》第五十九冊 頁 0205 下，台北：新文豐出版社，民 69 年 4 月。
〔註30〕大唐・道宣《續高僧傳》30卷《卍正藏》57 冊，頁 0205 下台北：新文豐出版社，民 69 年 4 月。
〔註31〕大唐・道宣《續高僧傳》30卷《卍正藏》57 冊，頁 0205 下台北：新文豐出版社，民 69 年 4 月。

的宗旨，闡明肉身與佛並無差，彰顯即身成佛的義理。

三祖僧璨傳法於道信，僧璨認為「一心不生，萬法無咎」(《信心銘》)，「心」是呈現宇宙萬物的形上主體，只要捨離妄念，任運心性，不執一物，自然可以合於禪法。更要「不見法、不見身、不見心、乃至心離名字，身等空界，法同幻夢，無得無證，然後謂之解脫。」(《舒州刺史獨孤及制賜謚碑》)這種「任性合道」、「無得無證」的思想對禪宗影響很大。

四祖道信得法後，至吉(今西吉安)弘法，嘗勸道俗依《文殊般若經》「一行三昧」坐禪，可見道信的禪法除了依據《楞伽經》之外，還以《般若經》為輔助。道信主張「坐禪守一」，並傳法於弘忍。

五祖弘忍得法後即另建道場，名為東山寺，稱為「東山法門」。弘忍認為認為身心本自清淨，眾生心地本自清淨，由於妄念生起，自心無法清淨而流轉生死。他主張「一切萬法不出自心」、「三世諸佛，皆從心性中生」(《最上乘論》)，自心、心性都是指佛性，所有眾生都具足圓滿的佛性。只要守住佛性、本心，自然就可以入涅槃境界。

六祖慧能，自從達摩祖師至四祖道信，都以《楞伽經》印心。而弘忍認為《楞伽經》名相繁瑣，容易引起分別、妄想，於是改付《金剛經》。禪宗依菩提達摩「二入」、「四行」的學說而展開其思想。「理入」是藉教悟宗、捨妄歸真、體認本體、寂然無為。「行入」是實踐四行(報怨行、隨緣行、無所求行、稱法行)，磨鍊意志，強調理論和實踐相互結合。慧能繼承此一學說，提倡捨離文字，直指人心，認為眾生自性具足，「一切萬法不離自性」(《壇經·行由品》)，所有智慧皆從自性而生，不從外求，並提出頓悟成佛的思想。以定慧為本，定慧就是「無所住而生其心」《金剛經》，「無所住」是指「定」，「生其心」是指「慧」。六祖慧能從「無所住而生其心」悟出了定慧等學的妙義，禪宗的思想就從此義引申開展而來。

第二節 《六祖壇經》的思想淵源

禪宗發端於南北朝，印度僧人菩提達摩來華傳法。倡導以心印心，強調「教外別傳，不立文字」，注重從自性修持去頓見佛性。心性或佛性有自悟、自覺的作用，眾生是迷或悟，是指自己對心性的覺或不覺。心性空寂，沒有形象，但卻能顯發崇高的智慧。眾生的真心覺性都是一樣的，只是因為「迷」「悟」的不同，才有智、愚的差異，所以「見性」就有快慢，而「迷」與「悟」

則是同一心性的兩種境界。

從西天初祖菩提達摩爲第一代祖師,並以《楞伽經》四卷傳予弟子慧可,慧可傳法於僧璨,僧璨傳法於道信。從達摩初祖到四祖道信皆以《楞伽經》的思想爲主,到了五祖弘忍改付《金剛經》。弘忍蕭然靜坐,不出文記,口說玄理,默授與人的作風,開拓中國特有的禪風,對後來的禪宗的發展影響甚大。其弟子,分爲南北二支,北支以神秀爲第六祖;南支以慧能爲第六祖,所謂「南能北秀」。慧能後來在曹溪寶林寺,弘揚「直指人心,見性成佛」的頓悟禪法,開創禪門「南宗」。慧能創立的南宗禪,是中國佛教,是禪宗史上最大的格新。慧能大師把握佛教思想演化的脈絡,順應中國文化的發展,融合儒家、道家思想,提出了一整套新的禪理與禪法,從而開啓禪宗的新紀元。

慧能「南宗」重視實踐,不主張遁跡山林,攝心入定的苦行,他說:「佛法在世間,不離世間覺。離世覓菩提,恰如求兔角。」〔註32〕意謂離開人世間到深山枯坐覓道,必然無所得。愚人誤兔之耳爲角,必無之物。《楞伽經》卷一云:「但言說妄想,同於兔角。」是說妄想必無所得。也反對早期禪法的繁複多端,有數息觀、不淨觀、因緣觀、念佛觀之五停心觀;有所謂四淨慮、四無量心觀、四無色定之十二門禪;具體入定有六妙法門,修行的階級則有三乘十地之說種種。這些禪法的確立,目的在於人通過各種心理的修練,以抑制斷除世俗欲念及煩惱,漸進地實現與佛心相印的境界。但方法繁雜,又含神秘色彩,難被一般民眾接受。慧能將之徹底化,提倡自心頓悟,認爲「迷聞經累劫,悟即剎那間」〔註33〕《壇經·般若品》,可以不讀經、不坐禪,只要能體悟自性,即是心中有佛,舉手投足都是道場,行住坐臥皆是三昧。慧能認爲「若起真正般若觀照,一剎那間,妄念俱滅。若識自性,一悟即至佛地。」〔註34〕《壇經·般若品》成佛在於剎那間的一念頓悟。慧能現身說法,聲稱:「我於忍和尚處,一聞言下大悟,頓見真如本性。」〔註35〕《壇經·般

〔註32〕 此處及以下所引《壇經·般若品》文字皆出於宗寶本的宋·契高《六祖大師法寶壇經》卷一,收於《卍正藏》59冊中第0011下頁,台北:新文豐出版社,民69年4月。

〔註33〕 宋·契高《六祖大師法寶壇經贊》卷一,《卍正藏》59冊,台北:新文豐出版社,民69年4月,頁0012上。

〔註34〕 宋·契高《六祖大師法寶壇經贊》卷一,《卍正藏》59冊,台北:新文豐出版社,民69年4月,頁0011上。

〔註35〕 宋·契高《六祖大師法寶壇經贊》卷一,《卍正藏》59冊,台北:新文豐出版社,民69年4月,頁0010下。

若品》「頓悟」即頓見真如本性，亦即「上根眾生，忽遇善知識指示，言下領會，不歷於階級地位，頓悟本性」(《古尊宿語錄》卷一)。只要一念相應，領悟本有覺性，不歷階級，不經層次，便是頓悟。慧能要弟子「各自觀心，自見本性」《壇經·般若品》。「自性自悟，頓悟頓修，亦無漸次，所以不立一切法。」〔註36〕《壇經·般若品》慧能傳的是頓悟法門。這是禪宗的普及化與打開了一道生動活潑的方便法門。正由於如此，《六祖壇經》在中國佛教及文化史上佔了非常重要的地位，也影響深遠。宋代契嵩〈六祖大師法寶壇經贊〉云：

> 偉乎《壇經》之作也，其本正，其蹟效，其因真，其果不謬。前聖
> 也，後聖也，如此起之，如此示之，如此復之，浩然沛乎，若大川
> 之注也，若虛空之通也，若日月之明也，若形影之無礙也，若鴻漸
> 之有序也。〔註37〕

元代德異在〈六祖大師法寶壇經序〉中亦云：

> 大師始於五羊，終至曹溪，說法三十七年。霑甘露味，入聖超凡者，
> 莫記其數。悟佛心宗，行解相應，為大知識者，明載傳燈。惟南嶽
> 青原，執侍最久，盡得無巴鼻故，出馬祖石頭，機智圓明，玄風大
> 震。乃有臨濟、溈仰、曹洞、雲門、法眼諸公，巍然而出。道德超
> 群、門庭險峻，啟迪英靈衲子，奮志衝關。一門深入，五派同源。
> 歷遍爐錘，規模廣大，原其五家綱要，盡出《壇經》。〔註38〕

《壇經》在佛門中的普及、影響之大、地位之崇高，由上述兩段文章，就可知曉。

第三節　《六祖壇經》與其引用經典之要意

　　《六祖壇經》中所涉及到的佛教經典，有《涅槃經》、《維摩詰經》、《金剛經》、《楞伽經》、《法華經》、《梵網經》、《中論》、《文殊說般若經》、《阿彌

〔註36〕宋·契高《六祖大師法寶壇經贊》卷一，《卍正藏》59 冊，台北：新文豐出版
　　　　社，民 69 年 4 月，頁 0010 上。
〔註37〕宋·契高《六祖大師法寶壇經贊》卷一，《卍正藏》59 冊，台北：新文豐出版
　　　　社，民 69 年 4 月，頁 0003～0004 下。
〔註38〕宋·契高《六祖大師法寶壇經贊》卷一，《卍正藏》59 冊，台北：新文豐出版
　　　　社，民 69 年 4 月，頁 0001 下。

陀經》及《觀無量壽佛經》、《大乘本生心地觀經》等多種。以下後學舉出《六祖壇經》中，其引用經典之要意來加以證明《六祖壇經》中的思想，並非慧能空心自悟，而是淵源有自，及其思想內容的豐富性：

一、《金剛經》中云

> 凡是有相，皆是虛妄。若見諸相非相，即見如來。是故須菩提，諸菩薩摩訶薩，應如是生清淨心。不應住色生心，不應住聲、香、味、觸、法生心，應無所住而生其心。是故須菩提，菩薩應離一切相，發阿耨多羅三藐三菩提心。〔註39〕

《金剛經》之宗旨，在於掃三心（即過去心、現在心、未來心）、去四相（即我相、人相、眾生相、壽者相），這觀念對於《壇經》產生了很大的根本作用。《壇經·行由品》云：弘忍為慧能傳法《金剛經》，至「應無所住而生其心。」慧能便言下大悟，見自本性。慧能提倡「無念為宗，無相為體，無住為本」，皆繼承上述《金剛經》之說法發展而成。《壇經》解釋無念是「於諸境上不染」；解釋無相「於相而離相」；解釋無住是「於諸法上念念不住」；是教世人應洞察世間諸相，使人心念不受世俗束縛，而達到心靈解脫的境界。《壇經》受到《金剛經》影響而引用的句子有：

1. 慧能聞一客誦經：「應無所住而生其心」。慧能一聞經語，心即開悟。遂問：「客誦何經？」客曰：「《金剛經》」。客又云：「大師常勸僧俗，但持《金剛經》，即自見性，直了成佛。」〔註40〕

慧能從客人誦讀《金剛經》：「應無所住而生其心」，即心開悟解。又得知此經是從弘忍大師傳法而來的，只要誦持《金剛經》，就能夠見自身的佛性，了知一切，成就佛道。

2. 《壇經》：「凡所有相，皆是虛妄。」〔註41〕

告訴世人凡所見之相，皆是虛而不實，妄而非真。

〔註39〕姚秦·鳩摩羅什譯《金剛經》《大正藏第八冊》，台北：新文豐出版社，民國六十九年六月，頁749下。

〔註40〕元·宗寶《六祖大師法寶壇經》《卍正藏》59冊，台北：新文豐出版社，民69年4月，頁0005下。《金剛經》即《金剛經般若波羅蜜經》。金剛般若，比喻能夠斬斷一切邪念、到彼岸的智慧。有多種版本，以後以鳩摩羅什譯本最為通行。

〔註41〕元·宗寶《六祖大師法寶壇經》《卍正藏》59冊，台北：新文豐出版社，民69年4月，頁0006下。

《金剛經》載：「佛告須菩提：凡所有相，皆是虛妄。若見諸相非相，
　即見如來。」〔註42〕

如來所說的身相，就是虛幻的身相。佛告須菩提：「凡所有現相，都是虛妄的，
好比在夢中，你看見山和大地親朋好友，而實際上並沒有。如果見所有現相
就是虛幻相，當知一切虛幻現相雖然有生滅變化，而實際上本來就沒有生滅，
和不生不滅的如來沒有兩樣，那麼，你若見諸相是虛幻相，就見到如來了。
也就是發無上正等正覺心，當可如是住，如是降伏其心。」

　　3. 《壇經》：「祖以袈裟遮圍不令人見。為說《金剛經》。至「應無所住而
生其心」，慧能言下大悟，一切萬法不離自性。」〔註43〕

　　五祖弘忍用袈裟遮住，不讓外人看見，為慧能講說《金剛經》。當五祖講
到「應無所住而生其心」一句，告訴慧能應使自己的心性不拘泥、不留戀於
一切外在之形相，而生其清淨之心。慧能即大徹大悟，體會到一切事物與現
象都不離自性。

　　《金剛經》載佛曰：「須菩提、諸菩薩摩訶薩，應如是生清淨心，不
　應住色生心，不應住聲、香、味、觸、法生心，應無所住而生其心。」

〔註44〕

佛曰：「須菩提、諸大菩薩，知道一切都是虛幻的，應當如是生無上正等正覺
的清淨心，不應當住在物質現象上，而想要生無上正等正覺心，一旦住在物
質現象上，那是凡夫的虛妄心。不應當住在聲音、香氣、滋味、細滑、記憶
等現象上而生起凡夫的虛妄心；應當無所住，無上正等正覺心自然現前。」

　　4. 《壇經》：「善知識！「摩訶般若波羅蜜」是梵語，此言大智慧到彼岸。
此須心行，不在口念。口念心不行，如幻如化，如露如電。口念心行，則心
口相應。」〔註45〕

　　慧能告訴眾人，「摩訶般若波羅蜜」是大智慧，可解脫到彼岸。這種佛法

〔註42〕姚秦・鳩摩羅什譯，《金剛經》《大正藏第八冊》頁 749 上，台北：新文豐出
　　　　版社，民國 69 年 6 月。
〔註43〕元・宗寶《六祖大師法寶壇經》，《卍正藏》59 冊，台北：新文豐出版社，民
　　　　69 年 4 月，頁 0007 下。
〔註44〕姚秦・鳩摩羅什譯，《金剛經》《大正藏第八冊》，台北：新文豐出版社，民國
　　　　六十九年六月，頁 749 下。
〔註45〕元・宗寶《六祖大師法寶壇經》，《卍正藏》59 冊，台北：新文豐出版社，民
　　　　69 年 4 月，頁 0009 上。

必須要誠心修行，不在口頭念誦。若只在口頭，卻不躬自實踐、虔誠修行，那就如幻如化，虛妄不眞，如同朝露、閃電，轉眼即逝。若是口念心行，心口相應，就可領悟佛法大意，解脫到彼岸。

　　《金剛經》云：「一切有爲法，如夢幻泡影。如露亦如電，應作如是觀。」〔註46〕

佛云：任何可以證取、可以說明的都是有爲法。有爲法如夢幻泡影，本來就不可取不可說；如同露水，如同閃電。雖然呈現過，瞬間消失，不可取不可說，應作如是觀。

　　5.《壇經》：「善知識！若欲入甚深法界及般若三昧者，須修般若行無，持誦《金剛般若經》，即得見性。當知此經功德，無量無邊；經中分明讚歎，莫能具說。此法門是最上乘，爲大智人說，爲上根人說。」〔註47〕

　　慧能告訴眾人：若要了解佛性中的精深奧妙之義，以及明見自性般若智慧；達到念念不迷而定慧一體的三昧境界，就應當修行般若法門，誦讀、奉持《金剛般若波羅蜜經》，這樣就能夠見得自身的佛性。誦讀《金剛經》的功德是無量無邊的，經中對此讚歎，記載的非常清楚，無法一一說明。般若法門是最上乘的法門，是專爲大智慧的人，爲有優越稟賦、上等根器的人宣說的。

　　《金剛經》：

　　　（1）「須菩提，一切諸佛，及諸佛阿耨多羅三藐三菩提法，皆從此經出。」〔註48〕

　　　（2）又說：「若善男子善女人於此經中乃至受持四句偈等，爲他人說，而此福德勝前福德。」〔註49〕

　　　（3）又云：「若復有人得聞是經，信心清淨，則生實相，當知是人成就第一希有功德。」〔註50〕

〔註46〕姚秦·鳩摩羅什譯，《金剛經》《大正藏第八冊》0009頁下，台北：新文豐出版社，民國69年6月。

〔註47〕元·宗寶《六祖大師法寶壇經》，《卍正藏》59冊，台北：新文豐出版社，民69年4月，頁0010上。

〔註48〕姚秦·鳩摩羅什譯，《金剛經》《大正藏第八冊》，台北：新文豐出版社，民國69年6月頁751下。

〔註49〕姚秦·鳩摩羅什譯，《金剛經》《大正藏第八冊》，台北：新文豐出版社，民國69年6月頁749下。

〔註50〕姚秦·鳩摩羅什譯，《金剛經》《大正藏第八冊》，台北：新文豐出版社，民國69年6月，頁750上。

（4）又說：「須菩提，當來之世若有善男子善女人，能於此經受持
讀誦，則爲如來佛智慧，悉知是人，悉見是人，皆得成就無量
無邊功德。」〔註51〕

（5）又說：「是經有不可思議，不可稱量，無邊功德，如來爲發大
乘者說，爲最上乘者說。若有人能受持讀誦廣爲人說，如來悉
知是人，悉見是人，皆成就不可量不可稱，無有邊不可思議功
德。」〔註52〕

佛告世人持誦《金剛經》能得般若智慧，對此經的信受奉行的功德是無量無
邊的，是有上根器的人才能得之。慧能亦受此經影響。

二、引用《維摩詰經》

《壇經》中受到《維摩詰經》中「直心是道場」、「心淨爲佛土」的論點，
以及「不二法門」闡述的影響十分明顯。後學整理如下：

《壇經・行由品》云：

1. 「佛法是不二之法。」〔註53〕

《維摩詰經・不二法門品》云：

> 「爾時，維摩詰謂眾菩薩言：諸仁者，云何菩薩入不二法門？各隨
> 所樂說之。」會中有菩薩名法自在，說言：「諸仁者，生、滅爲二。
> 法本不生；今則無滅。得此無生法忍，是爲入不二法門。」德守菩
> 薩曰：「我、我所爲二。因有我故，便有我所；若無有我，則無我
> 所。是爲入不二法門。」不眴菩薩曰：「受、不受爲二。若法不受，
> 則不可得。以不可得故，無取無捨，無做無行。是爲入不二法門。」
> 德頂菩薩曰：「垢、淨爲二。見垢實性，則無淨相，順於滅相。是
> 爲入不二法門。」善眼菩薩曰：「一相、無相爲二。若知一相即是
> 無相，亦不取無相，入於平等，是爲入不二法門。」妙臂菩薩曰：
> 「菩薩心、聲聞心二。觀心相空如幻化者，無菩薩心無聲聞心。是

〔註51〕姚秦・鳩摩羅什譯，《金剛經》《大正藏第八冊》，台北：新文豐出版社，民國
　　　　69年6月，頁750下。

〔註52〕姚秦・鳩摩羅什譯，《金剛經》《大正藏第八冊》，台北：新文豐出版社，民國
　　　　69年6月，頁751上。

〔註53〕元・宗寶《六祖大師法寶壇經》，《卍正藏》59冊，台北：新文豐出版社，民
　　　　國69年4月，頁0008下。

爲入不二法門。」弗沙菩薩曰：「善、不善爲二。若不起善、不善，
入無相際而通達者，是爲入不二法門。」〔註54〕

2.《壇經‧般若品》云：

《淨名經》云：「即時豁然，還得本性。」〔註55〕

《維摩詰經‧弟子品》云：

汝等便發阿耨多羅三藐三菩提心，是即出家。〔註56〕

這論說肯定離世或住世間的形式並不重要，強調修行的關鍵在覺悟過程
中的「本心」。

3.《壇經‧般若品》云：

所以佛言：「隨其心淨，則佛土淨。」〔註57〕

4.《壇經‧定慧品》云：

《淨名經》云：「直心是道場，直心是淨土。」〔註58〕

《維摩詰經‧佛國品》云：

菩薩隨其直心，則能發行；隨其發行，則得深心；隨其深心，則意
調伏；隨其調伏，則如說行；隨如說行，則能迴向；隨其迴向，則
有方便；隨其方便，則成就眾生；隨成就眾生，則佛土淨；隨佛土
淨，則說法淨；隨說法淨，則智慧淨；隨智慧淨，則其心淨；隨其
心淨，則一切功德淨。是故，寶積！若菩薩欲得淨土，當淨其心；
隨其心淨，則佛土淨。〔註59〕

慧能引述的《維摩詰經》都涉及到「心」。這體現慧能禪宗思想對「本心」
的重要性，也是受《維摩詰經》的影響。

5.《壇經‧定慧品》云：

〔註54〕姚秦‧鳩摩羅什譯，《維摩詰所說經》《大正藏十四冊》，台北：新文豐出版社，
民國68年6月，頁550～551。

〔註55〕元‧宗寶《六祖大師法寶壇經》，《卍正藏》59冊，台北：新文豐出版社，民
國69年4月，頁0010下。

〔註56〕姚秦‧鳩摩羅什譯，《維摩詰所說經》《大正藏十四冊》，台北：新文豐出版社，
民國68年6月，頁539。

〔註57〕元‧宗寶《六祖大師法寶壇經》，《卍正藏》59冊，台北：新文豐出版社，民
國69年4月，頁0012下。

〔註58〕元‧宗寶《六祖大師法寶壇經》，《卍正藏》59冊台北：新文豐出版社，民69
年4月，頁0013下。

〔註59〕姚秦‧鳩摩羅什譯，《維摩詰所說經》《大正藏十四冊》，台北：新文豐出版社，
民國68年6月，頁520。

「只如舍利佛宴坐林中，卻被維摩詰訶。」〔註60〕

《維摩詰經・弟子品》云：

> 佛知其意，即告舍利佛：「汝行詣維摩詰問疾。」舍利佛白佛言：「世
> 尊，我不堪任詣彼問疾。所以者何？憶念我昔，曾於林中宴坐樹下。
> 時維摩詰來謂我言：『唯！舍利佛，不必是坐爲宴坐也。夫宴坐者，
> 不於三界現身意，是爲宴坐；不起滅定而現諸威儀，是爲宴坐；不
> 捨道法而現凡夫事，是爲宴坐。心不住內亦不在外，是爲宴坐；於
> 諸見不動而修行三十七品，是爲宴坐；不斷煩惱而入涅槃，是爲宴
> 坐。若能如是坐者，佛所印可。』時我，世尊，聞說是語，默然而
> 止，不能加報。故我不任詣彼問疾。」〔註61〕

維摩詰認爲，一般修行者所努力實行的方法，只是掌握了佛法的片面而
已。他認爲佛法的眞諦在於超越世間和出世間之別、超越喋喋不休的言
說宣教，持平等之心、勇敢面對塵染，歸還清淨本心、認識法身的絕對
圓滿。由上可知慧能受維摩詰影響之深。

6. 《壇經・定慧品》云：

> 無住爲本。〔註62〕

《維摩詰經・觀眾生品》

> 「從無住本，立一切法。」〔註63〕

維摩詰認爲一切隨緣生滅，既然無住，就沒有根本。從無住的基礎上產
生一切。慧能亦受此影響。

7. 《壇經・定慧品》云：

> 故經云：「能善分別諸法相，於第一義而不動。」〔註64〕

《維摩詰經・佛國品》〔註65〕第一意，佛教認爲，世間萬物雖然有各種

〔註60〕元・宗寶《六祖大師法寶壇經》，《卍正藏》59 冊，台北：新文豐出版社，民
　　　　69 年 4 月，頁 0008 下。

〔註61〕姚秦・鳩摩羅什譯，《維摩詰所說經》《大正藏十四冊》，台北：新文豐出版社，
　　　　民國 68 年 6 月，頁 539。

〔註62〕元・宗寶《六祖大師法寶壇經》，《卍正藏》59 冊，台北：新文豐出版社，民
　　　　69 年 4 月，頁 0014 上。

〔註63〕姚秦・鳩摩羅什譯，《維摩詰所說經》《大正藏十四冊》，台北：新文豐出版社，
　　　　民國 68 年 6 月，頁 520。

〔註64〕元・宗寶《六祖大師法寶壇經》，《卍正藏》59 冊，台北：新文豐出版社，民
　　　　69 年 4 月，頁 0014 上。

不同形相狀態，其本質卻是空的。維摩詰要吾門善於分辨萬物的不同形態，要秉持諸法一相的最高眞理毫不動搖。從上舉例得知，《壇經》中，慧能一再的引述《維摩詰經》的言句和觀念。由此可知慧能思想是受《維摩詰經》的影響。

三、引用《中論》

《壇經・付囑品》中慧能教導弟子「動用三十六對，出沒即離兩邊」〔註66〕、「二道相因，生中道義。」〔註67〕，皆緣出於中道思想。在〈護法品〉中，慧能回答朝廷使者薛簡所問時說：

> 《壇經・護法品》
>
> 「明與無明，凡夫見二，智者了達，其性無二。無二之性，即是實性。實性者，處凡愚而不減，在賢聖而不增，住煩惱而不亂，居禪定而不寂。不斷不常，不來不去，不在中間，及其內外，不生不滅，性相如如，常住不遷，名之曰道。」〔註68〕

龍樹《中論》之首：

> 不生亦不滅，不常亦不斷，不一亦不異，不來亦不去。〔註69〕

龍樹的八不緣起說，是藉此表達因緣大都由心生；當我們想刻意去做時，煩惱就會找上門。如果不從這漩渦中走出，將永遠沉淪於反復的痛苦中。慧能亦受此觀念的影響，認爲明與無明、斷與常、來與去、生與滅之類對立的現象，都是實相一體兩面的顯現。它們形相雖然有別，但體性卻是獨一無二的。這一思維則是聖凡不二、煩惱即菩提的命題。

四、引用《文殊說般若波羅蜜經》

《壇經・定慧品》：

〔註65〕姚秦・鳩摩羅什譯，《維摩詰所說經》《大正藏十四冊》，台北：新文豐出版社，民國68年6月，頁520。

〔註66〕元・宗寶《六祖大師法寶壇經》，《卍正藏》59冊，台北：新文豐出版社，民69年4月，頁0026上。

〔註67〕元・宗寶《六祖大師法寶壇經》，《卍正藏》59冊，台北：新文豐出版社，民69年4月，頁0027上。

〔註68〕元・宗寶《六祖大師法寶壇經》，《卍正藏》59冊，台北：新文豐出版社，民69年4月，頁0025上。

〔註69〕《中論》，又稱《中觀論》、《正觀論》。四卷。龍樹菩薩造，青目釋，姚秦鳩摩羅什譯。

「一行三昧者，於一切處行、住、坐、臥，常行一直心是也。」〔註70〕

《文殊說般若經》云：

> 佛言：法界一相，繫緣法界，是名一行三昧。若善男子、善女人，欲
> 入一行三昧，當先聞般若波羅蜜，如說修學，然後能入一行三昧。如
> 法界緣，不退不壞，不思議，無礙無相。善男子、善女人，欲入一行
> 三昧，應處空閑，捨諸亂意，不取相貌，繫心一佛，專稱名字，隨佛
> 方所，端身正向，能於一佛，念念相續，即是念中能見過去、未來、
> 現在諸佛。何以故？念一佛功德，無量無邊！亦與無量諸佛功德無
> 二。不思議佛法等無分別，皆乘一如，成最正覺。悉具無量功德，無
> 量辯才，如是入一行三昧者，盡知恆沙諸佛法界無差別相。〔註71〕

《文殊說般若經》說「一行三昧」，以眞如爲觀照對象，並專注於一行的禪定
爲坐禪，影響慧能的思想。慧能將不離自性的境界稱爲「一行三昧」。他說直
心就是自己的本性，就是眞如佛性。不諂曲、不虛妄，時時展現眞實自在的
人之本性，這就是一行三昧，就是定慧一體。

五、引用《法華經》

《壇經》云：

1. 一切草木，有情無情，悉皆蒙潤。〔註72〕《壇經·般若品》

2. 一切處所，一切時中，念念不愚，常行智慧，即是般若行。〔註73〕
   《壇經·般若品》

3. 諸佛世尊，唯以一大事因緣故出現於世。〔註74〕《壇經·機緣品》

4. 若悟此法，一念心開，是爲佛知見。〔註75〕《壇經·機緣品》

〔註70〕元·宗寶《六祖大師法寶壇經》，《卍正藏》59 冊，台北：新文豐出版社，民
　　　　69 年 4 月，頁 0014 下。

〔註71〕《文殊師利所說般若波羅蜜經》一卷，梁扶南國三藏僧伽婆羅譯。提及「一
　　　　行三昧」在二卷下，見於姚秦·鳩摩羅什譯，〈文殊師利所說般若波羅蜜經〉
　　　　《大正藏第八冊》，台北：新文豐出版社，民國 69 年 6 月，頁 731。

〔註72〕元·宗寶《六祖大師法寶壇經》，《卍正藏》59 冊，台北：新文豐出版社，民
　　　　69 年 4 月，頁 0010 下。

〔註73〕元·宗寶《六祖大師法寶壇經》，《卍正藏》59 冊，台北：新文豐出版社，民
　　　　69 年 4 月，頁 0010 下。

〔註74〕元·宗寶《六祖大師法寶壇經》，《卍正藏》59 冊，台北：新文豐出版社，民
　　　　69 年 4 月，頁 0018 下。

〔註75〕元·宗寶《六祖大師法寶壇經》，《卍正藏》59 冊，台北：新文豐出版社，民
　　　　69 年 4 月，頁 0018 下。

《壇經》把一切般若智慧都是人本有的佛性中來，心體無滯，即是般若；念念破除愚妄，遵照修行，即是般若行。再說：世上一切生靈，一切草木，一切有情與無情的萬物，都受到雨水的滋潤。世間一切江河的水最後都要流入大海，與廣闊的大海融爲一體。眾生所具有的般若智慧，也具有相同的作用。

《法華經》云：

如彼大雲、雨於一切卉木叢林、及諸藥草，如其種性，具足蒙潤，各得生長。〔註76〕

諸佛世尊，欲令眾生，開佛知見，使得清淨故，出現於世。〔註77〕

六、引用《楞伽經》

《壇經·般若品》云：

說通及心通

《壇經》所說「說通」和「心通」稱爲「宗通」、「說通」〔註78〕，是指教理和証悟。慧能強調個人應從心理體驗和親身的經驗來理解證悟「眞理」，否定經過研習經典穫得的知識，來作爲「慧學」覺悟解脫之效用。這種思想是受到《楞伽經》重「宗通」輕「說通」的影響。

七、引用《梵網菩薩戒經》

《壇經·般若品》云：

菩薩戒經云：「我本元自性清淨。〔註79〕

這是引用《梵網菩薩戒經》的思想，主張以清淨心爲本，清淨就是眾生本有的佛性。

〔註76〕姚秦·鳩摩羅什議，〈妙法蓮華經〉卷三，《大正藏第九冊》，台北：新文豐出版社，民國69年6月，第19頁上。

〔註77〕姚秦·鳩摩羅什議，〈妙法蓮華經〉卷三，《大正藏第九冊》，台北：新文豐出版社，民國69年6月，第7頁上。

〔註78〕《楞伽阿跋多羅寶經》卷三：「佛告大慧：『一切聲聞緣納覺菩薩有二種通相及說通。……宗通者，謂緣自得勝相，遠離言說文字妄想，趣無漏界自覺地自相，遠離一切虛覺想降伏一切外道眾魔，緣自覺趣光明揮發，是名宗通相。』」引自《大正藏》第十六冊，頁499中、下。

〔註79〕元·宗寶《六祖大師法寶壇經》，《卍正藏》59冊，台北：新文豐出版社，民69年4月，頁0010下。

八、引用《華嚴經》

《壇經·懺悔品》云：

> 經云：分明言自歸依佛，不言歸依他佛，自佛不歸，無所依處。〔註80〕

這是引用《華嚴經》〈淨行品〉所講的自歸依，指自己歸依了三寶，也祝福一切眾生也能像自己一樣，都歸依三寶，從三寶中得到利益。

九、引用《阿彌陀經》

《壇經·疑問品》云：

> 世尊在舍衛城中說：西方引化，經文明，去此不遠，若論相說，里數有十萬八千。〔註81〕

此處是引用《阿彌陀經》，壇經出現的時代，彌勒淨土的思想在中國已經是非常盛行，彌勒淨土思想是以佛力往生佛國。

十、引用《大乘本生心地觀經》

《壇經·懺悔品》云：

> 「自性眾生無邊誓願度」、「自性煩惱無量誓願斷」、「自性法門無盡誓願學」、「自性佛道無上誓願成。」〔註82〕

這是出於《大乘本生心地觀經》卷七〔註83〕的四弘誓願，是菩薩戒的基礎，發大乘心，求成佛道，這就是菩薩初發心。

〔註80〕 元·宗寶《六祖大師法寶壇經》，《卍正藏》59 冊，台北：新文豐出版社，民
69 年 4 月，頁 0016 下。

〔註81〕 元·宗寶《六祖大師法寶壇經》，《卍正藏》59 冊，台北：新文豐出版社，民
69 年 4 月，頁 0012。

〔註82〕 元·宗寶《六祖大師法寶壇經》，《卍正藏》59 冊，台北：新文豐出版社，民
69 年 4 月，頁 0016 下。

〔註83〕 《大乘本生心地觀經》卷七：「云何為四？一者度一切眾生；二者誓斷一切煩惱；
三者誓學一切法門；四者誓證一切佛果。」引自《大正藏》3 冊，頁 325 中。

第三章　《六祖壇經》的生死哲學內容

第一節　《六祖壇經》生死哲學的內容

一、生死哲學的意義

　　自古人類一向重視「死亡」，但過去大都把「死亡」當成民俗、宗教的一部分，沒有正式把它當作一門學科來討論。生死問題的重要，是吾人皆須走這一遭。人是「無逃於天地之間」的有限存有，理當學得「置於死地而後生」的道理，進而「頂天立地」以安身立命。已故的本世紀德國哲學家海德格（Martin Heidegger）在他的名著《存有與時間》（Being and Time）一書中的名言：「人是向死的存在」（being–towards–death）〔註1〕可以看成「人終必死亡」，表示死亡是在生命之中，而不是在生命之外。生與死是一體兩面，只要我們活一天，也就是邁向死亡一天。

　　死亡不再以激烈和大眾難以理解的方式追尋，對於生死問題的深層關懷在近幾年更是發展成「全人教育」，受到教育部的肯定和支持，擴大了原來的理論與範疇。在生死意義的解析之外，也進而加入了實踐的工夫，完成一套體用合一的架構。這樣的發展促使生死學的研究和其他領域的知識（社會學、護理等）有所交流。在台灣現在對於生死價值的看待，可以從一些地方看出正面的發展，例如：臨終關懷、宗教信仰、本土化的喪葬儀式淨化等，都是

〔註1〕馬丁・海德格著，陳嘉映、王慶節譯，《存在與時間》，台北：桂冠出版社，1999，頁332。

在重新省視生命意義時的成果。

　　「生死哲學」（Philosophy of life and death）可說是以一種最狹義、嚴格的角度來談生死學，就「生死學」而言，本來它本身就起源於哲學探討生死觀念的一門學問。這樣的起源慢慢的注入了其他領域的源水活頭使得「生死學」不再是哲學領域的專屬，例如醫學中的臨終關懷、照顧，或者是心理學之中的輔導諮詢，又或是宗教的信仰歸宿等。這些都使得「生死學」不斷的在擴充茁壯。〔註2〕

　　「生死學」是由旅美哲學暨宗教學者傅偉勳博士所倡導，而在台灣本土成長的學術思想，有別於西洋的「死亡學」（thanatology）。目前，生死學的研究範疇，大致有十類：生死哲學、生死宗教、生命教育、生死社會學、生死心理學、生死禮儀、臨終關懷、悲傷輔導、自殺、生死管理等。根據傅偉勳的說法，他是從美國既有的「死亡學」（thanatology）研究成果，進一步配合中國心性體認本位的生死智慧，演發形成「現代生死學」。且依「生死是一體兩面」的基本看法，把死亡問題擴充爲「生死問題」。3 年後，他又把死亡學定位爲「狹義生死學」，從而開創以「愛」的表現貫穿生與死，從死亡學轉到「生命學」的「廣義生死學」探索。〔註3〕

　　佛教認爲人生是苦的，追求出離生死苦海是人生一大事，人生問題是禪宗關注的首要問題。當五祖弘忍感到自己生命之火即將熄滅而欲傳法衣與弟子時，曾喚門人進來，《壇經‧行由品》云：「世人生死事大，汝等終日只求福田，不求出離生死苦海，自性若迷，福何可救。」〔註4〕在弘忍看來，世人應以超脫生死求解脫爲人生大事。解脫，佛教用以表示由人生的煩惱束縛中解脫出來，超脫迷著而獲得自由自在。又可說斷絕生死之因，不再受業報輪迴，慧能的生死哲學思想也是圍繞著擺脫人生痛苦、實現人生的解脫而開展的。解脫生命之苦是實踐的最高理想和終極境界。

二、生死哲學的方法

　　目前是高齡化的社會，生死議題不容忽視或禁忌。「死亡」的關卡是任誰也跑不掉的。在生死哲學之中我們以「理性」的角度來透視個人從出生就走

〔註2〕 劉仲容等合著，《生死哲學概論》，台北蘆洲市：空大，民95，頁168。

〔註3〕 鈕則誠等合著，《生死學》，台北蘆洲市：空大，民90，頁5。

〔註4〕 元‧宗寶，《六祖大師法寶壇經》，《卍正藏》59冊，台北：新文豐出版社，民69年4月，頁0005上。

入的生命計時器。我們之所以用「理性」這兩個字，是希望將吾們的主題回歸到傳統哲學的角度，也就是以理性來研究生與死的問題。進一步的分析，將人的生命哲學主題區分成三個階段，也就是出生前、在世生活、死亡這三個時期。這其中在世生活我們以科學和哲學的方式來解析，使用人類理性和經驗事實建構系統。但是在其他兩個階段，出生前與死亡後，科學目前能著力的地方還不多。例如人死亡之後的去處和死後的世界又如何？這都不是科學能檢證的。但是這兩個階段又是生死哲學不能不處理的問題，甚至是重點所在，所以我們必須在哲學的理性基礎上在深入一層。天主教已故羅光總主教曾在談「生命哲學」時指出談生命不涉及宗教根本是不對的，這在中西哲學都是如此。〔註 5〕在此宗教有兩個與人有關的角度，一個是「超性」（超越理性 Supernature）的純粹信仰方式，另一個是理性本身的推論。換言之，就是在人類理性運作之下，作一種形上學的推演和檢驗。基本上我們採取的是第二種方式，也就是以理性神學（或形上學）的方法探究「死亡」的一些問題，以補足科學上目前尚無法完全處理的地方。

中國自古以來就盛行著靈魂不死、因果報應等宗教觀念，中國人從「靈魂不滅」「神不滅」出發去理解佛教的業報輪迴說。慧能將佛教「無我說」中的「無我」解釋為「非身」，即否定血肉之我的永恆，但不否定精神之我的永恆，從而為肯定解脫的主體，慧能的不落兩邊的遮詮法，他的「見性成佛」為其生死哲學的方法。

三、生死哲學的方式

由於生死學是近幾年所興起的一股風氣，所以在許多議題上仍舊有討論的空間。以生死哲學的角度來分析，則方式較為單純，也就是以哲學思考反省生與死的問題。人類既有生死而人類的文化應是不朽。〔註 6〕在生死文化

〔註 5〕劉仲容等合著，《生死哲學概論》，台北蘆洲市：空大，民 95，頁 169。
〔註 6〕參見蘇慧萍《老》《莊》生死觀研究 91 年 6 月碩士論文第三頁。持續的死亡危機——縱使它滑進我們潛意識最優深的角落裡，我們一樣知道此危機的存在是文化的基礎。正如 Simmel 所言，死亡的認知猶如一股神力，把生命與生命內涵橇離開來。這股神力允許生命內涵「客觀化」；替生命內涵注射疫苗，好讓他不受生命漂浮短暫所侵害，好讓生命內涵強過生命本身，簡單說就是，生命內涵不朽，生命卻必朽。生命屬於時間，但它的價值卻外在於時間，根據此一道理，文化成就便可以累積。請參看齊格蒙·包曼著，陳正國譯：《生與死的雙奏——人類生命策略的社會學詮釋》（臺北：東大圖書，1997 年 4 月），出版，頁 49。

中，「生死學」雖然是透過學科整合而發展的，但依然落在分門別類的學科中。落在學科中的生死學，實無從反省自身成立的分際，因此就必須由「哲學（的）生死學」（The philosophical biothanatology）來提供反省基礎，換言之，生死學是依哲學生死學而成立，然而後者則又依自身的「生死哲學」而成立。〔註7〕對於生死的問題，我們可以從生物的、心理的、醫學的、經濟的、社會的、價值的、環境的、倫理的、道德的、法律的、宗教的、哲學的…等等不同的角度加以探討；對於生死問題，可以切入的面向及廣泛，從生前到死後的心理、精神的轉化。這些問題的探討，如探索死亡的過程中發生何事？死後又往何處？又我應該如何面對自己的死亡？…等等問題。在問題上牽涉廣闊又層面複雜，是探求生命價值的過程中最難的一環。

釋迦牟尼以其畢生的精力與智慧，探求如何實現人生的解脫，並為人們建構了解脫之境「無上菩提」的獲得，以做為人們的修行的目標，他自己已覺悟了人生而被尊稱為佛陀，佛陀，意即謂覺或覺者。覺，指的是覺悟佛教真理；覺者，就是佛教真理的覺悟者。覺有自覺、覺他和覺行圓滿三義。只有佛才能既「自覺」又「覺他」且「覺行圓滿」。佛教的理想人格是以獲得智慧，證得真理，以慈悲情懷普渡眾生為主要特徵。佛陀本身就體現了真、善、美的統一。

在禪學思想中經常用「慧解脫」來表示以智慧關照而遠離無明解脫，要人們修禪以證智，藉智慧去消除煩惱，斷滅惑業，從而證得大徹大悟的理想境界。同時又用「心解脫」來表示智慧乃人心本自有之，心離貪愛，智慧即得顯現並發揮作用。因而心解脫不離慧解脫，慧解脫也就是心解脫。「慧解脫」或「心解脫」的過程實際上是在主觀認識上實現一種根本性的轉變，是一種內在精神的超越與解脫，清靜的心性獲最高的智慧是人的生命存在的一部分，人通過體悟這種生命存在而使自己的精神變得更加充實和圓滿。〔註8〕就是將人心、佛性與佛教的般若智慧結合在一起，並將終極的解脫理想與人們當下的實際努力相結合，要人在平常的生活中依自性般若之智而從各種困境中解脫出來，獲得精神的昇華和超越。

〔註7〕 蔡瑞霖：《宗教哲學與生死學》（嘉義：南華管理學院，1999 年 4 月），初版，頁 256。

〔註8〕 洪修平等著，《中國思想家評傳叢書‧惠能評傳》，南京大學出版社，1998 年 12 月 1 版，頁 263。

四、生死哲學的目標

死亡是吾們人生必修的課題，及早做好研究與準備，免得「平時不燒香臨時抱佛腳」，屆時措手不及。面對死亡的預備功課，包括靈性層面的提昇、宗教哲理的探求與思維、生死觀的建立等等。在世間人倫與法律層面，則是預立遺囑，以免身後引起子孫的爭端。具體的功夫則有平日的養生之道，或是宗教修持，以期能預知時至，瀟灑走一回。﹝註9﹞如慧能大師在圓寂的一個月即已預知時日，並告知大眾、交代後事及為大眾解惑。

《壇經·付囑品》曰：

> 七月一日，集徒眾曰：「吾至八月，欲離世間。汝等有疑，早須相問，為汝破疑，令汝迷盡。吾若去後，無人教汝。」法海等聞，悉皆涕泣。師曰：「汝今悲泣，為憂阿誰？若憂吾不知去處，吾自知去處。若無不知去處，終不預報與汝。汝等悲泣，蓋為不知吾去處。若知吾去處，即不合悲泣。﹝註10﹞

大部分的弟子聞知大師要圓寂了，悲痛流淚，大師告訴她們說：「你們今日為誰流淚呢？如果妳們是為我的不知往何處去，我又怎能事先告知你們。你們悲傷，該是你們不知我要往何處去，如果妳們知道我的去處，照理你們不應該悲傷才是。須知宇宙萬事萬物的本性，本來就沒有生滅，沒有來去。」慧能大師因識透宇宙真理是不生不滅的，故能識透生死的真如，而達生死解脫。雖然我們都知道生死是自然的歷程，有生必定有死。但是，這並不代表我們已經知道自己的死期。相反的我們誰也無法預測自己的死亡何時會來到。不過，有一點可以確定的，死亡是隨時會降臨到自己身上的。既然如此，我們就不能逃避死亡，而是坦然面對它。藉此了解死後世界為何的問題，也才有機會了解死後生命之存在與否的問題。藉著對死亡的相關問題做反省，常想到死亡的來臨，把今日當作是最後一日，由此視透生命的價值，而活出生命的意義，進而得到生命的解脫為目標。

五、生死哲學的目的

死亡的認識是重要的。《法句經》說：「是日已過，命亦隨滅，如少水魚，

﹝註9﹞ 釋慧開著，《儒佛生死學與哲學論文集》，臺北市：紅葉文化，2004（民93）初版，第186頁。

﹝註10﹞ 元·宗寶，《六祖大師法寶壇經》，《卍正藏》59冊，台北：新文豐出版社，民69年4月，頁0027上。

斯有何樂。」〔註 11〕意謂著生命是無常的，隨時都會消失；如果吾們常認為還有明天，覺得死亡離自己很遠，那麼無形中就會有惰性，誤以為生命還很長久，便忽略死亡隨時會降臨。因此，只要我們不忘記常用死亡的立場來看待生命的問題，就會以更精進的心態，來追求生命的真如。觀想死亡會讓我們內心深處有深刻的感受，了解總有一天事物會失去。使我們放下對事物的執著之心，產生真正的解脫。因為想到死亡，就會督促自己找出生命的意義。透過自我觀照找到自己人生的方向為目的。

慧能關注每一個現實之人的解脫，主張人人皆有佛性。他的佛性思想融攝了般若實相說，因而是他突出是即心即佛，強調直了見性，自在解脫。慧能依於人們的當下之心而倡導的解脫是一種無需借助於神力或他力的自我解脫和自在解脫。慧能一生不識文字，生活在社會下層，依靠自力獲得解脫成為其理想的目的。這不僅體現在他的禪學理論中，也表現在他對禪行實踐的要求上。因此，它一方面破除對佛祖等外在權威的迷信和崇拜，強調每個人的自性自渡；另一方面又將解脫理想融化在當下現實的生活之中，把修道求佛貫穿在平常的挑水搬柴、穿衣吃飯之間。在日常的生活實踐中激發自己證悟佛道的靈感就是慧能所說的修行。而證悟佛道實際上也就是在日常的勞作與生活中達到內外無著、來去自由的現實的人。他強調追求獨立、自由和平等的理想境界為其生死哲學的目的。

六、生死哲學的理想境界

唐朝永嘉大師在其證道歌中說：「夢裡明明有六趣，覺後空空無大千。」〔註 12〕這正說明，對一位明心見性的覺者來說，宇宙萬有皆是緣生緣滅，尚未明心見性的眾生而言，六道生死死生的輪迴是多麼的真實。故佛陀曾說，一切外道無有智慧，只求斷死，不知斷生；甚至妄求長生不死，不知有生必然有滅，長生即是長滅，既求於生，若求不死不可得；正如昇高者必然墮下，若求其不墮，必是不昇；因此，佛陀教弟子證於無生，若證無生，死自止也，生死既無，自然出離六道輪迴。〔註 13〕由此可知，佛陀的教化，旨在使人轉

〔註11〕見《法句經卷上》，收在大正藏四冊，559 頁上。臺北：新文豐出版社，1983年 1 月修訂一版。

〔註12〕唐·永嘉大師，《永嘉證道歌》，收在大正藏 72 冊，第 764 頁。臺北：新文豐出版社，1983 年 1 月修訂一版。

〔註13〕釋智諭著《緣起法泛談》西蓮出版社，民 75 年。

迷爲覺徹證生死即不生不死。迷者在六道輪迴受分段生死之苦，覺者了知生即無生，死即無死，生死即不生不死。

《壇經・機緣品》：

覺曰：「生死事大，無常迅速。」

師曰：「何不渠取無生，了無速乎？」

曰：「體即無生，了本無速。」

師曰：「如是，如是。」〔註14〕

慧能大師認爲了脫生死是求取佛道的一件大事。萬事萬物生死無常迅速，若體取無生無死的眞理，體認自性即是無生，徹悟明瞭就知本無遲速可言。生死有限，慧命無窮，個人的生命不會因爲死亡就不存在，若要了生脫死，掌握未來，則須先把握此生，經由發起菩提心，依菩提心來建立與實踐解脫自他生死的智慧與方法，爲人生第一要務。依菩提心來建立與實踐解脫自它生死的智慧與方法，不只要建立個人的解脫生死，更要兼顧其他眾生的解脫生死智慧與方法。除了自己了死外，也要幫助一般眾生，依其根基，如何在生活中建立個人解脫生死智慧與法，或幫助到生命盡頭的人們，在生命成長的最後階段自然安然的接受死亡，進而達到解脫生死，使生命活得有尊嚴，死得有尊嚴，爲其生死哲學的理想境界。慧能特別注重每一位個體的自我解脫以及這種解脫在現世當下的實現。慧能認爲，佛性在人心中，萬法在自性中，每個人的本性都是圓滿具足的，因而人們都可以不依外力，而靠本身的力量獲得解脫。《壇經・懺悔品》「善知識！於念念中，自見本性清淨，自修、自行、自成佛道。」〔註15〕慧能要吾們在日常生活的每時每刻努力突出自己清淨的本心，體悟我即萬法、我即佛的道理。能明白此理，就能在紛繁的塵世中以「無念」處之，保持人的自然清淨的本性而不生計較執著之心，從而達到心理的平衡和內在境界的提昇。

〔註14〕元・宗寶，《六祖大師法寶壇經》，《卍正藏》59 冊，台北：新文豐出版社，民69 年 4 月，頁 0022 上。

〔註15〕元・宗寶，《六祖大師法寶壇經》，《卍正藏》59 冊，台北：新文豐出版社，民69 年 4 月，頁 0015 上。

第二節 《六祖壇經》生死哲學的方法

一、不二法門

慧能其宗旨在於見性（徹見佛性），此種見解不是二分法，而是一種不二法門。佛法是不二之法，主張一切事理平等如一，本質並無差別，佛法是獨立不二、直指心源之法。凡是有二對立的概念，無論善惡、動靜、有無、是非……等，都是相對邊見或偏見，若要顯現真理，必須破除二元對立的關係，此即「不二」或「無二」，是一種「雙邊否定」〔註16〕，表示真理須對相對的兩邊思考都必加以否定。佛法是以不二法門去接引根基不同的眾生。

《壇經·行由品》：

> 印宗問：「如何是佛法不二之法？」佛言：善根有二，一者常，二者無常。佛性非常非無常，是故不斷，名為不二。一者善，二者不善。佛性非善非不善，是名不二。蘊之與界，凡夫見二。智者了達，其性無二無二之性，即是佛性。〔註17〕

慧能仍然主張佛性人人皆有，人人皆可成佛。佛性是人的法身，了悟佛性就是報身，實踐佛性，化導眾生就是化身。佛性與此三身之關係是一而三，三而一。〔註18〕善根有兩種形態，一是永恆常住，一是遷流無常的。而佛性沒有常住與無常的區別，所以佛性是不能斷絕的，是為不二法門。開悟佛性是《壇經》生死哲學的方法。

《壇經·付囑品》：

> 明與無明，凡夫見二，智者了達，其性無二。無二之性，即是實性。實性者，處凡愚而不減，在聖而不增，住煩惱而不亂，居禪定而不寂。不斷不常，不來不去，不在中間，及其內外，不生不滅，性相如如。常道不遷，名之曰道。〔註19〕

慧能說：明與無明，在普通凡人看來是不同性質的兩種現象，但智者通達佛理，知道佛法不二無所分別，這是真實的佛性。這真實的佛性，在世俗凡人

〔註16〕吳汝鈞，《佛教的概念與方法》，台灣商務書局，1989年，第27頁。

〔註17〕元·宗寶，《六祖大師法寶壇經》，《卍正藏》59冊，台北：新文豐出版社，民69年4月，頁008上。

〔註18〕陳榮波博士著，《禪海之筏》，志文出版社，1993年11月再版，218頁。

〔註19〕元·宗寶，《六祖大師法寶壇經》，《卍正藏》59冊，台北：新文豐出版社，民69年4月，頁0025下。

身上並不減少，在聖哲賢人身上也不增加，處煩惱中並不會混亂，處在禪定境界中也並不寂滅，眞如常存，不遷不化。我們稱其名爲道，也就是吾們的眞如佛性。慧能大師從佛性無二，是永恆的實性，進而解脫「煩惱即是菩提」的生死哲學觀。

《維摩詰經・不二法門品》云：

> 生死、涅槃爲二。若見生死性，則無生死，無縛無解，不生不滅。
> 如是解者，是爲入不二法門。〔註20〕

維摩詰說：生死與涅槃，二者相互依憑對立。如果認識到生死的本性爲空，也就脫離了生死而進入涅槃，不被束縛也沒有解脫，生命不燃燒也不熄滅。理解到此點，就能領悟了生脫死的不二法門。

《維摩詰經・不二法門品》云：

> 暗與明無二。無暗、無明，則無有二。所以者何？如入滅受想定，
> 無暗、無明，一切法相亦復如是。於其中平等入者，是爲入不二法
> 門。〔註21〕

維摩詰認爲無明與智慧，二者相互依憑對立。如果認識到無明的本性爲空，也就無所謂清淨，因而依從寂滅本性。泯滅種種兩相對立的事理，俾使不起偏執心，而達自在解脫的生死境界。「不二」是慧能不執兩邊的中道思想。

《壇經・行由品》云：

> 不思善，不思惡〔註22〕，正與麼時那個是明上座本來面目〔註23〕？
> 〔註24〕

〔註20〕姚秦・鳩摩羅什譯，《金剛經》《大正藏第三十八冊》，台北：新文豐出版社，民國69年6月。

〔註21〕姚秦・鳩摩羅什譯《金剛經》《大正藏第三十八冊》，台北：新文豐出版社，民國69年6月。

〔註22〕丁福保原著・蔡運辰彙編著，《丁氏佛學叢書之二十四——六祖壇經箋註》，北海出版，民國59年5月初版，頁17。不思善不思惡是絕善惡之思想也。○傳心法要下、問如何是出三界。師云：善惡都莫思量。當處便出三界。

〔註23〕同上註。本來面木目、猶言自己本分也。○傳習錄。不思善不思惡時、認本來面目。○修心訣、諸法如夢、亦如幻化。故妄念本寂、塵境本空。諸法皆空之處、靈知不昧。即此空寂靈知之心、是汝本來面目。亦是諸佛、歷代祖師、天下善知識、密密相傳底法印也。若悟此心、眞所謂不踐階梯、徑登佛地。步步超三界。歸家頓絕疑。

〔註24〕元・宗寶，《六祖大師法寶壇經》，《卍正藏》59冊，台北：新文豐出版社，民69年4月，頁0008上。

當吾門自性清淨無染時，就是我們的本心。所謂「不二」就是不執於兩邊（即邊見）的中道思想，後來發展為具體而明晰無諍的不二法門。

《壇經·行由品》云：

> 「指授即無，惟論見性，不論禪定、解脫。」宗曰：「何不論禪定、解脫？」慧能曰：「為是二法，不是佛法。佛法是不二之法。」宗又問：「如何是佛法不二之法？」

慧能曰「法師講」《涅槃經》，明佛性是佛法不二之法。如高貴德王菩薩〔註25〕白佛言：犯四重禁〔註26〕、作五逆罪〔註27〕、及一闡提〔註28〕等，當斷佛性否？佛言：善根有二，一者常，二者無常。佛性非常非無常，是故不斷，名為不二。一者善，二者不善。佛性非善非不善，是名不二。蘊之與界，凡夫見二。智者了達，其性無二無二之性，即是佛性。」〔註29〕佛法是不二之法，主張一切事理平等如一，本質並無差別，又喻該法是獨立無二、直指心源之意。

《大般涅槃經》卷二一載釋迦牟尼論曰：

> 如來涅槃非有非無，非有為非無為，非有漏非無漏，非色非不色，
> 非名非不名，非相非不相，非有非不有，非物非不物，非因非果，
> 非待非不待，非明非暗，非出非不出，非常非不常，非斷非不斷，
> 非始非終，非過去非未來非現在，非陰非不陰，非入非不入，非界
> 非不界，非十二因緣非不十二因緣，如是等法甚深微密。

所論即佛法不二之理。慧能生死哲學觀，要吾們打破生死執著的妄見，以徹見本來面目，以見佛性，體悟生死無常，看破生死。

《壇經·付囑品》

> 「無二之性，即是佛性。」又云：「若有人問汝義，問有將無對，問無將有對，問凡以聖對，問聖以凡對。二道相因，生中道義。」〔註30〕

〔註25〕《大般涅槃經》第二一～二六卷為〈光明遍照高貴菩薩品〉高貴德王菩薩、為光明遍高貴德王菩薩。新文豐出版社，民國69年6月。

〔註26〕四重罪又名四重。僧人違反戒律的四種罪過：一淫，二盜，三殺，四妄語。

〔註27〕五逆罪：一殺父，二殺母，三殺阿羅漢，四惡意傷及佛身，五離間眾生、敗壞法事。

〔註28〕一闡提：指不信佛法之人。

〔註29〕元·宗寶，《六祖大師法寶壇經》，《卍正藏》59冊，台北：新文豐出版社，民69年4月，頁0008下。

〔註30〕元·宗寶，《六祖大師法寶壇經》，《卍正藏》59冊，台北：新文豐出版社，民69年4月，頁0027上。

慧能要我們以佛教義理，在二因相對之因緣轉化中，持中道之義。所以若有人問佛教義理，他問「有」你使用「無」作答，他問「無」你用「有」作回答，他問「凡」你就用「聖」，他問「聖」你就用「凡」作回答。這種互相對立又互為因緣的關係中，就會產生不落兩邊的中道教義。「不二」法門的「中道」觀落實到吾們的生命，以達生命的自在解脫，而至圓滿的生死觀。

《壇經·付囑品》云：

> 簡曰：「師說不生不滅，何異外道！」〔註31〕師曰：「外道所說不生不滅者，將滅止生，以生顯滅，滅猶不滅，生說不生。我所說不生不滅者，本自無生，今亦不滅，所以不同外道如若欲知心要，但一切善惡都莫思量，自然得入清淨心體。湛然常寂，妙用恆沙。」〔註32〕

真實的佛性是不生不滅的。外道所說的不生不滅是用死亡來阻斷生命，用生命的存在來顯示死亡的斷滅。他們的滅就是不滅，他們求生卻口說不求生。慧能所說法性的不生不滅，本來就沒有生成，也就沒有斷滅，所以不同於各種外道的說法。若要得到佛性法要，只要將世俗的善惡都不思量，自然就能進入清淨無染的自心本體。佛性的清澈寂靜，它的妙用如同恆河沙數無窮無盡，達到不生不滅就能體悟生命的本然，體悟超然的生死哲學觀。

二、三科法門

《壇經·付囑品》云：

> 三科法門者，陰、界、入也。陰是五陰，色、受、想、行、識也。入是十二入，外六塵色、聲、色、香、味、觸、法、內六門眼、耳、鼻、頭、身、意是也。界是十八界，六塵、六門、六識是也。自性能含萬法，名含藏識。若起思量，即是轉識。生六識，出六門，見六塵，如是一十八界，皆從自性起用。自性若邪起十八邪。自性若正，起十八正。若用即眾生用，善用即佛用。用由何等？由自性有。〔註33〕

〔註31〕佛教外的其他宗教、教別。佛經說有外道六師，從中分出九十六種外道。

〔註32〕元·宗寶，《六祖大師法寶壇經》，《卍正藏》59 冊，台北：新文豐出版社，民69 年 4 月，頁 0026 上。

〔註33〕元·宗寶，《六祖大師法寶壇經》，《卍正藏》59 冊，台北：新文豐出版社，民69 年 4 月，頁 0026 上。

慧能教導弟子說法須先舉三科法門，即五陰、十二入、十八界。目的要破除世人的「我執」。三科法門是從內在心識與外在事物互相聯繫，將萬事萬物分爲三科，即五蘊、十二處、十八界。其目的要吾門說明萬物皆屬虛幻，以破我執。所謂三科法門，就是陰、界、入三個科目。陰是五陰，就是色陰、受因、想因、行陰。入是十二入，包括身外六塵，即色、聲、香、味、觸、法六種境相，身內的六根即眼、耳、鼻、舌、身、意六種器官及功能。界是十八界，是六塵、六根、六識的因緣和合會集而成。吾人的自我本性能包藏萬法，曰含藏識。若自我心中生起思量，就是轉識。心中產生六種感覺意識，走出六根之門，相遇六種境相，這些總共十八界，都是從自己本性的生發作用。若吾人自性受到邪念障蔽，就會生起十八種邪見；若自性明徹端正，就會生起十八種正見自性邪惡，表現出來的就是世俗眾生的作用。自性慈善，就是佛的表現，這些作用都是由自我本性所決定的。慧能所說的「三科法門」，是指陰、界、入。這是爲教化眾生而立的科目，要求人們從這三個方面來觀察自我與自我所面對的客觀世界，幫助人們破除「我執」以了悟「無我」之理。所以，慧能要吾門從三科法門中悟得超越生死的哲學觀。

三、三十六對法

慧能提出三十六對法，其目的在闡明中道義理。龍樹《中論》提出「不生亦不滅，不常亦不斷，不一亦不異，不來亦不出」，又說：「眾生緣生法，我說即無，亦爲是假名，亦是中道義。」這種不執著對立兩端，以認識與對待緣起現象，即是中道。

《壇經·付囑品》云：

> 外境無情五對，天與地對，日與月對，明與暗對，陰與陽對，水與火對。此是五對也。法相語言十二對：語與法對，有與無對，有色與無色對，有相與無相對，有漏與無漏對，色與空對，動與靜對，清與濁對，凡與聖對，僧與俗對，老與少對，大與小對。此是十二對也。自性起用十九對：長與短對，邪與正對，癡與惠對，愚與智對，亂與定對，慈與毒對，戒與非對，直與曲對，實與虛對，險與平對，煩惱與菩提對，常與無常對，悲與害對，喜與瞋對，捨與慳對，進與退對，生與滅對，法身與色身對，化身與報身對，此是十九對也。師言：此三十六對法，若解用，即道貫一切經法，出入即

離兩邊。〔註34〕

慧爲十大弟子對舉的方法，是指「外境無情五對」，「法相語言十二對」，「自性起用十九對」。慧能以三十六種對應的關係，來說明中道的圓融思想。若懂得運用，就可以貫穿一切佛法經典，就可以脫離兩邊的邊見。禪宗 說法主要是要吾人破除心中的我執，一有我執，心中就會疙瘩。所以，禪師們是用「已楔出楔，解黏去縛」的反面方式去接引學人，希望他們能夠超越空有而眞契於佛的無上證等正覺。〔註35〕慧能將三十六對法分爲三類：

第一類、外境無情對有五：天與地對，日與月對，暗與明對，陰與陽對，水與火對。這五對都屬於自然現象，是外在於人而存在的無情之物。

第二類、言與語對、法與相對有十二：有爲無爲對，有色無色對，有相無相對，有漏無漏對，色與空對，動與靜對，清與濁對，凡與聖對，僧語俗對，老與少對，長與短對，高與下對。這十二對中有屬於語言上的辯證概念，也有屬於佛教名相的對立範疇 。

第三類、自性啓用對有十九對：長與短對，邪與正對，癡與恵對，愚與智對，亂與定對，慈與毒對，戒與非對，直與曲對，實與虛對，險與平對，煩惱與菩提對，常與無常對，悲與害對，喜與瞋對，捨與慳對，進與退對，生與滅對，法身與色身對，化身與報身對。慧能認爲這些都是「自性」而起的作用。

以上言語法相十二對，外境無情五對，自性啓用十九對，共合成三十六對。印順法師認爲「三十六對……這是經中所沒有的分類法。這三大類，大概是依器界有情（儒凡聖、僧俗、老小等）法，及引取三世間而立的。『三十六對法，解用通一切經』。一切不離文字，也就是一切無非無相依相因的對待法。所以『出語盡雙』，『出外於相離相，入內於空離空』，『出沒即離兩邊』，而能『不失本宗』。」〔註36〕慧能認爲，此三十六對法，解用通一切經，出沒即離兩邊。破除一切執著視爲佛法根本。它的全部禪學理論和禪行要求，也都是基於此而提出來的。〔註37〕慧能要求吾們超越事物與現象表面上存在的

〔註34〕元・宗寶，《六祖大師法寶壇經》，《卍正藏》59 冊，台北：新文豐出版社，民69 年 4 月，頁 0026 下。

〔註35〕陳榮波博士著，《禪海之筏》，志文出版社，1993 年 11 月再版，頁 196。

〔註36〕印順著，《中國禪宗史》，正聞出版社，2003 年 8 月十五版，頁 222。

〔註37〕洪修平等著，《中國思想家評傳叢書・惠能評傳》，南京大學出版社，1998 年12 月 1 版，頁 321。

差別與對立，以一種非有非無的方法來啓發修行者打開自己的慧眼，把握人所面對世界的眞諦。

《壇經・付囑品》云：

自性動用，共人言語，外於相離相，內於空離空。〔註38〕

要遵守中道的宣講教義不落兩邊，在吾人的日常生活中如實修行。對外在事物不執著其相狀，對內在之心念則不執著於空無。《金剛經》云：「離一切相，如如不動。」將三十六對法落實在我們日常生活中，自性本心就會光明無礙，遠離煩惱無明，超越生死無明的生死觀。

四、非生非死

慧能大師認爲只要斷除惡行邪念，則西方淨土即在眼前，《壇經・付囑品》云：「隨其心淨，即佛土淨。」隨著心地的清淨，佛土相應也清淨。吾人心性本淨，不生不滅，彌陀淨土是阿彌陀佛在因地時，爲克服自他的生死緣起的，可見淨土的建立與生死的克服有密切的關係。在淨土中，人是沒有種種憂悲苦惱的，如《彌陀經》言「舍利佛！彼土何故名爲極樂？其國土眾生，吾有眾苦，但受諸樂，故名極樂。」〔註39〕此與《般若心經》言：「度一切苦厄。」有異曲同工之處。在佛國淨土中，人的壽命是無限的，沒有生也沒有死即非生非死，如《彌陀經》言：「又舍利佛！彼佛壽命，及其人民，無量無邊阿僧祇劫，故名彌陀。」《佛說阿彌陀經要解》云：「心性照而常寂，故爲壽命，今徹證心性無量之體，故壽命無量也。」〔註40〕顯示出每個有情眾生的生命本來就是無量壽，無量壽也就是沒有生沒有死。如《般若波羅密心經》云：「不生不滅。」個人如能如阿彌陀佛發起願了脫自他生死的心徹證本來清淨、不生不滅的心性，即可成就淨土。〔註41〕如《維摩詰經》云：「心淨則國土淨。」就此而論，所謂「極樂」、「淨土」、「度一切苦厄」、「無量壽」及「不生不滅」等，皆可視爲每個有情眾生的自性的展現，故悟得自性就能成就淨土，即是

〔註38〕元・宗寶，《六祖大師法寶壇經》，《卍正藏》59 冊，台北：新文豐出版社，民69 年 4 月，頁 0026 下。

〔註39〕姚秦，龜茲三藏，鳩摩羅什譯，《佛說阿彌陀經》，佛教大藏經第 4 冊 985 頁，（大正藏 12 冊 346 頁，新文豐出版社。）

〔註40〕明・藕益大師，《佛說阿彌陀經要解》，佛教大藏經 20 冊 616 頁，佛教出版社（大正藏 8 冊 848 頁新文豐出版社。）

〔註41〕參見林綺雲等著《生死學》出版，台北市：洪葉文化，2000【民89】，第 169頁。

達到心淨、無量壽、不生不滅而徹底的了脫生死，離苦得樂，悟得自性清淨為其生死哲學的方法，而達非生非死的生死觀。

第三節　《六祖壇經》生死哲學的特色

慧能向弘忍大師所承的「自性本自清淨」的偈和在法性寺所發的「仁者心動」的妙語，都是以慧解為本，是妙悟般若實相義，會通涅槃佛性說，在離言歸相的基礎上直指眾生當下之心性。慧能認為通過般若禪觀而證悟諸法實相之理，從眾生心的「無念」、「本覺」中來尋求覺悟成佛之道，是構成慧能禪學理論的重要特色。

一、見性成佛

慧能以「見性成佛」為宗旨開展禪法，將諸法「真如」，視為「性」或「自性」這個概念、語詞為核心涵意。從十二因緣說、蘊界處說，存有者的存在本身就是一件雜染的事，所以只有佛性存有才是真實的存有，佛性的存有是關於佛心的追問了，佛心原來是說修持者的入佛境界，心是功夫修行中的人存有者的活動主體，佛心是以佛境界為標的的修行活動的主體狀態，所以應該一方面是證悟的境界，是一個暫存的意識為其意義的狀態。而另一方面是世界的客觀實相狀態，所以說佛身是心身一義，心以境而為界，證悟的佛心即佛身之本身，心身一義，則境界即是主體的本體，一是客觀的實然。

《壇經·般若品》曰：

> 善知識，凡夫即佛〔註42〕，煩惱即菩提〔註43〕。前念迷即是凡夫，
> 後念悟即佛，前念著境即煩惱，後念離境即菩提。〔註44〕

慧能認為凡夫大眾皆俱有佛性，世俗的煩惱便蘊涵著菩提智慧。如果前一念落入癡迷，就是凡夫；而後一覺悟，就是佛。前一念執著於世間境相，那就

〔註42〕丁福保原著·蔡運辰彙編著，《六祖壇經箋註》，北海出版，民國59年5月初版，頁27。(血脈論、若識得施為運動靈覺之性。即諸佛心。前佛後佛、只言傳心。更無別法。若識此法。凡夫一字不知亦見佛。)

〔註43〕丁福保原著·蔡運辰彙編著，《六祖壇經箋註》，北海出版，民國59年5月初版，頁27。唯識述記一本、煩是擾義、惱是亂義。擾亂有情、故名煩惱。(○智度論七、煩惱者，能令心煩、能作惱故、名為煩惱。又四十四、菩提秦言無上智慧。)

〔註44〕元·宗寶《六祖大師法寶壇經》《卍正藏》59冊台北：新文豐出版社：民69年4月，頁0010上。

是煩惱；後一念超越世間相，那就是覺悟了。「見性」六祖慧能開創了具有獨特風格的中國禪宗，綻放永恆無盡的智慧火花，其內容可在此經的字理行間中表現無遺。無可諱言的，中國禪宗肯定人人皆有一顆晶瑩清澈的自性（覺性或佛性）。人只要時時刻刻去護持它，把它澄清到圓滿的境界，就可以「見性成佛」。能「見性」就能當自己的主人，就能超越生死，生命就能自在解脫。成佛，是大乘佛教的最高理想，無論這個最高理想是否可能在現實生活中實現，但它卻十分明確表達了人們渴望從現實生活中的種種束縛解脫出來，為了幫助人們實現最高的理想，慧能提供許多不同的修行方法，如何從修行中證得智慧，覺悟真理，從而解脫成佛，是吾人生命的目標。慧能認為在一瞬間徹悟人生的本質，洞察宇宙的實相，與萬法的本體冥然結合。這是一種從心靈深處的豁然開悟，是超越時空、不可說的精神的昇華，通過禪行以達到禪悟的境界，通過修禪而獲得開悟。慧能認為只要人回歸到自己的內心世界，從人的生命主體的能動因素「心性」、「覺性」上尋求解脫之道。從心理層面的改變，觀念的轉換，人的精神面貌會產生昇華與飛躍，是解脫煩惱的根本精神。所以，「見性成佛」是慧能「生死哲學」思想的特色。

二、自性般若

慧能以般若來會通佛性，最重要的的特點就是以般若智慧來解說人性佛心，以般若的無相來化解人們對真性佛性的執著。從自性上來體現般若之智，起證般若觀照，因而證悟眾生心靈的本來面目或生命的本源。這裡的般若與佛性的會通，是以般若融攝了佛性，以性空會通了妙有。慧能說：

《壇經·般若品》曰：

> 善知識！何名「般若」？「般若」者，唐言「智慧」也。一切處所，一切時終，念念不愚，常行智慧，即是般若行。一念愚即般若絕，一念智即般若生。世人愚迷，不見般若，口說般若。心中常愚，常自言我修般若。念念說空，不識真空。般若無形相，智慧心即是。……前念迷即凡夫，後念悟及佛。〔註45〕

慧能以般若性空的思想和非有非無的中道觀，他把眾生與佛、人心與佛性，在當下現實的人聯結起來，而聯結的世人當下的現實之心。「心」是慧能佛性論的核心概念，集中了慧能以空融有、空有相攝的生死哲學思想的特色。

〔註45〕元·宗寶，《六祖大師法寶壇經》，《卍正藏》59冊，台北：新文豐出版社，民69年4月，頁0009下。

《壇經・付囑品》曰：

「自性若悟，眾生是佛；自性若迷，佛是眾生。」〔註46〕

若能悟得自身的佛性，眾生就能成佛；若是遮蔽了自身本性，佛也是眾生。慧能「生死哲學」思想「自性」的體悟、證得超越生死苦海而達解脫、涅槃的境界。禪宗的基本論點是從「自性」出發。此基點是開展一切生命的原動力。「自性」原本就是可以用來表稱事物之性質的一個語詞；亦即它不必然含有某種價值意味。〔註47〕然而，僅當「自性見」習常被指為事一種「實體見」之時，慧能使用「自性」這一詞，復又表示諸如：「萬法在自性」、「自性含萬法」、「自性能生萬法」等等的義涵。

《壇經・行由品》云：

一切萬法不離自性。……何期自性本自清淨，何期自性本不生滅，

何期自性本自具足，何期自性本無動搖，何期能生萬法。〔註48〕

一切萬法不離自性，一切事物與現象都不離佛性。佛性是清淨無染，無有世俗之妄想與煩惱。佛性無形無相，因而不動不移。佛性對萬物為一如，對妄見則為真如，佛性能化生萬物。

《壇經・般若品》：

智慧觀照，內外明徹識自本心。若識本心，即本解脫。若得解脫，

即是般若三昧。般若三昧，即是無念。何明無念？知見一切法，心

不染著，是為無念。用即遍一切處，亦不著一切處，但淨本心，使

六識出六門，於六塵中無染無雜。來去自由，通用無滯，即是般若

三昧，自在解脫，名無念行。〔註49〕

用般若智慧觀照萬物，就會感到內外一片澄明，認識到一切都來自本有佛性。

〔註46〕元・宗寶，《六祖大師法寶壇經》，《卍正藏》59冊，台北：新文豐出版社，民69年4月，頁0029上。

〔註47〕如印順法師（1906～2005A.D.）說：「……《般若經》中處處說本性空，也處處說自性空，意意也大致相同。自性空，本是勝譯自性空，如說：『自性空故，自性離故，自性吾生故』。這是以空、離來表識字性；自性空並非沒有自性。由於『假名無實』，『虛妄無實』與空的空虛義相關聯，而自性空有了吾世俗自性的意義，……勝意的自性空，漸漸化為世俗的無自性空……」（請參見印順：《空之探究》，臺北：正聞出版社，1992年出版，頁184。）

〔註48〕元・宗寶，《六祖大師法寶壇經》，《卍正藏》59冊，台北：新文豐出版社，民69年4月，頁007下。

〔註49〕元・宗寶，《六祖大師法寶壇經》，《卍正藏》59冊，台北：新文豐出版社，民69年4月，頁0011下。

若認識到自己的本心，就是對世俗煩惱的解脫，也就是定慧一體的般若三昧，定慧一體的般若三昧，就是無念。何謂無念呢？認知世界的一切事物與境相，內心不沾染、不執著，這就是無念。般若智慧遍及一切處所，而又不著任何處所。只是清境自己的心地，使六識從眼、耳、鼻、舌、身、意等六門中產生作用，卻又不受六塵污染，來去自如，周流萬物而無所滯，這是佛性智慧與禪定境界統一的般若三昧。一切自由自在，無所束縛，這是無念修行法門。此修行法門，亦可出離，達到彼岸，成就佛果。

《壇經・般若品》曰：

> 何名「波羅蜜」？此是西國語，唐言「到彼岸」，解義「離生滅」。
> 著境生滅起，如水有波浪，即明爲此岸。離境無生滅，如水常通流，
> 即名爲彼岸。故號波羅蜜。〔註50〕

何謂「波羅蜜」？是西方語，是能脫離生滅、解脫生死到彼岸。若執著世俗欲念的追求，則落入生死苦海中。五蘊煩惱皆因此而起，有如水的波浪，阻礙渡越，這就是此岸。卷一載釋迦牟尼說法偈云：「凡夫無智慧，藏識如巨海。業相猶波浪，依彼譬類通。」〔註51〕如能超越世俗境相，則能了卻生死，無種種煩惱，如水平流而不起波浪，故可渡至彼岸。所以叫「波羅蜜」。

般若的特性是離言歸相，破除心執，以致會觀照諸法性空的實相。通過禪修的修心觀靜，思維修習以徹見人與事的本體，證得無上菩提。般若與佛性在修心解脫的禪學中成爲重要的溝通點。修禪也就是修心。這種「修」實際上是立足於一種精神的轉變、心性的「本覺」。修習禪定的根本目的就是爲了開發本心的智慧，促使自心的覺悟。禪定若無智慧，即非眞禪；智慧若離禪觀，亦非眞智。因此，禪智雙運、定慧爲本是慧能生死哲學的特色之一。

三、自修自悟自成佛道

慧能大師在《壇經》中最明顯的般若思想是他的開悟詩：

〔註50〕元・宗寶，《六祖大師法寶壇經》，《卍正藏》59 冊，台北：新文豐出版社，民69 年 4 月，頁 0011 下。

〔註51〕《楞伽阿跋多羅寶經》卷三：「佛告大慧：『一切聲聞緣納覺菩薩有二種通相及說通。……宗通者，謂緣自得勝相，遠離言說文字妄想，趣無漏界自覺地自相，遠離一切虛覺想降伏一切外道眾魔，緣自覺趣光明暉發，是名宗通相。』」引自《大正藏》第十六冊頁 499 中、下新文豐出版社，民國 69 年 6 月。

《壇經‧行由品》：

> 菩提本無樹，明境亦非臺。本來無一物，何處惹塵埃。〔註52〕

由上詩即可看出慧能的思想分別藏著般若空觀與佛性思想。神秀在偈中的《壇經‧行由品》：「身是菩提樹，心如明鏡臺。時時勤拂拭，勿使惹塵埃。」〔註53〕神秀認為人的本心、本性有如菩提樹與明鏡台，修行者必須常常拂拭，以防吾人清淨之本性受到汙染。神秀的有淨與不淨是二元對立的思想，故有淨與不淨的對立。慧能則認為世上一切的萬有並無實性，都是因緣和聚合所產生的，沒有所謂的菩提樹與明鏡台，修行者不能執著外相，慧能跳脫了二元對立的框架，呈現般若思想。

《壇經‧定慧品》云：

> 善知識！我此法門，以定慧為本。大眾勿迷，言定慧別。定慧一體，不是二。……自悟修行，不在於諍。若諍先後，即同迷人。不斷勝負，卻生我法，不離四相。〔註54〕

慧能大師認為修行最重要的是自悟，並非口頭上的爭辯。修行不應去分別「法」的先後、高下、深淺，修行最重要的是在自悟。如果修行者不能自悟，只是在言語上爭論那一部經典才是最上乘的佛法，如此修行之人已迷失人的本性，因為他仍有四相的執著，尚未了知世上一切事物都只是因緣和合，因緣一散，一切事物也就滅了。慧能認為修行者對「法」亦不可執著，他又說：

《壇經‧機緣品》云：

> 師曰：「汝觀自本心，末著外法相。法無四乘，人心自有等差……萬法盡通，萬法俱備，一切不染，離諸法相，一無所得，名最上乘。」〔註55〕

慧能認為修行最難突破的無非是對佛法的執著與莊嚴的崇拜，修行者對外在事物的突破並不困難，反而是在佛法及佛相上掙脫不了。所以慧能認為修行者應當以般若智慧觀照自性，使自性遠離法相的執著，不要貪念佛法，佛像，

〔註52〕元‧宗寶，《六祖大師法寶壇經》，《卍正藏》59冊，台北：新文豐出版社，民69年4月，頁0007下。

〔註53〕元‧宗寶，《六祖大師法寶壇經》，《卍正藏》59冊，台北：新文豐出版社，民69年4月，頁0006下。

〔註54〕元‧宗寶，《六祖大師法寶壇經》，《卍正藏》59冊，台北：新文豐出版社，民69年4月，頁0013下。

〔註55〕元‧宗寶，《六祖大師法寶壇經》，《卍正藏》59冊，台北：新文豐出版社，民69年4月，頁0006下。

要相信自身就有個與佛無別的真如法相。外在的佛相、佛法都是因佛陀的一大事因緣所說、所顯，修行者在徹悟佛法的同時，也要拋開佛法的文字義，最重要的是不能執著有所謂的至高無上的佛法之存在，如此才是最上乘法。由此可以發現慧能的般若空觀是要教吾人遠離四相與法相的執著，這和佛陀在《金剛經》中告訴須菩提所說的話一樣，佛陀說：「須菩提！若菩薩，有人相、我相、眾生相、壽者相，即非菩薩。」〔註 56〕佛陀用般若空破除菩薩的我執，慧能同樣教弟子用般若空觀掃蕩弟子們的法相執，帶弟子們進入自修自悟自成佛道的境地。慧能用「自在解脫」來表示解脫境，充分體現了他要人們在現實的行住坐臥的日常生活中去體悟自家生命的本然，在具體的生活中去顯現完美的人格與人性，解脫不離世間的自修自悟自成佛道的生死哲學之特色。慧能更強調要求在實踐中來體證，《壇經‧坐禪品》云：「於念念中，自見本性清淨，自修、自行、自成佛道。」〔註 57〕強調眾生應解脫建立在自心的修行上，從而顯現他的禪學本色。

第四節　《六祖壇經》生死哲學的實踐功夫

一、定慧等學

在菩薩道上，明心見性，斷惑證真，不是憑藉知識學問即可達成，而是透過實踐與修正才能成就。而具體的實踐功夫，則是從「身、口、意」三業與「眼、耳、鼻、舌、身、意」六根下手，修習「戒、定、慧」三學。戒是戒除惡習，此乃修身的基本功夫，於內攝護六根，不受外境污染，轉化不良習氣；於外不侵犯他人，慈悲一切眾生，，如此則能控制情緒，身心輕安，令煩惱不易起現行。「定」梵文 Samadhi 的意譯，亦譯「等持」音譯「三摩地、「三昧」。」定是教義名詞，謂心專注一境而不散亂的精神狀態，佛教以此作為取得確定之認識作出確定之判斷的心理條件。「定」常與「禪」合稱為「禪定」，禪定又比定的意涵更深一些，因為禪有「靜慮」、「思維修」的意思，「定」只是心注一處，須再加上「禪」就有心注於思維處之意思。修心之禪定功夫，內聚心力，能降服妄想與焦慮，止息煩惱。求放心，遠離散亂與懈怠，心止

〔註 56〕姚秦‧鳩摩羅什譯，〈金剛經〉《大正藏》第八冊，台北：新文豐出版社，民1983 年 1 月修訂一版，頁 749。

〔註 57〕元‧宗寶，《六祖大師法寶壇經》，《卍正藏》59 冊，台北：新文豐出版社，民69 年 4 月，頁 0014 下。

於一境，能身心作主。「慧」是修慧之功夫，能觀照自心，運用觀力，能勘破煩惱。觀照自心，開發智慧，通達因果，抉擇真妄，能令身心解脫自在。修習禪定一般來說，外在採取打坐的方式，又稱坐禪，內心要觀想佛教的義理或是佛的莊嚴。透過禪定觀想時，可以得到甚深無量的各種妙智慧。

禪宗初祖達摩非常重視坐禪，他透過壁觀，修持二入中的「理入」。達摩祖師云：「夫入道多途，要而言之，不出二種：一是理入，二是行入。理入者，謂藉教悟宗，深信含生凡聖，同一真性，但為客塵妄覆，不能顯了。若偹歸真，凝住壁觀，自他凡聖等一，堅住不移，更不隨於文教，此即與理冥符，無有分別，寂然無為，名之理入。」〔註58〕壁觀可解釋為坐禪時面對牆壁，坐禪者面對單調的牆壁，比較不會心生散亂，並且容易入定；或可解釋成心與外物完全隔離，禪坐者可以一心觀照，凝神入定，由此可穫得與聖人相同的妙智慧，進而入覺悟的境界。四祖道信也教人坐禪，《傳法寶紀·道信傳》云：「每勸諸門人：『努力勤坐，坐為根本，能坐三五年，得一口食塞飢瘡，即閉門坐，莫讀經，莫共人語』。」〔註59〕由此可知道信非常重視坐禪，畢竟道信的禪法亦傳承達摩祖師的禪法，坐禪之時觀想的正是達摩所說的「佛性」、「理」，透過觀想能使般若智慧生發、佛性顯現。五祖宏忍說「但了然守本真心，妄念雲盡，慧日即現。」〔註60〕神秀更是主張坐禪時要「觀心看淨」，認為「一念淨心，頓超佛地。」他說：「其開法大略，則專念以息想，極力以攝心。其入也，品均凡聖；其到也，行無前後。趣定之前，萬緣盡閉；發慧之后，一切皆如。」〔註61〕神秀主張透過坐禪專心以平息心中的執著、妄想，摒除一切情欲與對世間的凡聖、前後等二元對立的執著。以上達摩、道信、弘忍與神秀的例子可以看出，都把禪坐當成生發智慧的法門。但是慧能對「定慧」卻有不同的看法，他提出「定慧等」的思想。

《壇經·定慧品》云：

大眾勿迷，言定慧別。定慧一體，不是二。定是慧體，慧是定用。

〔註58〕宋·釋道原，《景德傳燈錄》，卷30 大正藏第51 冊，頁458。台北：新文豐出版社，民82 年4 月一版六刷。

〔註59〕唐·杜朏 集《傳法寶紀》一卷，收錄於《大正藏》第八十五冊，台北：新文豐出版社，民1983 年1 月修訂一版，頁149。

〔註60〕《最上乘論》卷一《大正藏》第48 冊，頁378。台北：新文豐出版社，民82 年4 月一版六刷。

〔註61〕《佛祖歷代通載》卷十二、《大正藏》第49 冊，頁586。台北：新文豐出版社，民82 年4 月一版六刷。

> 即慧之時，定在慧，即定之時，慧在定，若識此義，即是定慧等學。……
> 定慧猶如何等，猶如燈光。有燈即光，無燈即暗；燈是光之體，光
> 是燈之用。名雖有二，體本同一。〔註62〕

慧能要修學之人要以定慧為本，大眾不應執迷於傳統的「定慧有別的禪法。定與慧的本體是不二的，定是慧之體，慧是定之用，發慧之時定在慧中，修定之時慧亦在定中。學道之人不要私心作意，妄自評論先有定才有慧或是先有慧才能入定，把定與慧看成各自不同的個體。如果有此見解的人，是不合定慧一體的概念，認為佛法有兩種現象，好比有人口說善言，心中卻無善意，此時定慧只是虛名，定慧並沒有相等，若能心口一致存有善意，定慧就會相等了，如此修習定慧就能達到解脫。」

定與慧好比燈與光的關係，有燈就有光明的存在，沒有燈就會存在黑暗之中。所以燈是光明的本體，而光明是燈的顯用。燈與光雖是兩個不同的稱呼，但是體用如一，定與慧的關係也和燈與光的關係一樣，定慧是一體的。「三學」作為吾人生活實踐與心靈淨化之必修課目，也是《六祖壇經》生死哲學的必修課程。慧能主張佛性內存，經過自己主體思量反省，就必須有一套工夫，此即禪定，禪定包含了定慧兩者，定是指主體的境界，慧是主體所發顯的作用，定慧是兩者體用關係，故慧能主張定慧一體。定與慧是一體之兩面，兩者息息相關，不可偏廢。這是說明禪定是般若智本體，般若智的本體，般若智（慧）是禪定的顯現。採用循序漸進的自然方式，才能夠做到「外離相，內不亂」的禪定功夫。〔註63〕

「定」即是經由固定坐姿，調整呼吸，到達一心專注而精神不散亂的境地；「慧」是在禪定的基礎上穫得悟解，以及通達事理的智慧。慧能從《金剛經》「應無所住而生其心」的經文，悟出了「定」「慧」的「生死哲學」觀點，《壇經·定慧品》云：「我此法門，以定慧為本。」〔註64〕定慧即「無所住而生其心」，「無所住」是指「定」；「生其心」是指「慧」。禪定與智慧是一體的，不可分割為二。禪定是智慧的本體，智慧是禪定的妙用。當我們顯發智慧的時後，禪定就已經包涵在其智慧之中；當我們修習禪修習禪定的時後，智慧

〔註62〕元·宗寶《六祖大師法寶壇經》，《卍正藏》59 冊，台北：新文豐出版社，民 69 年 4 月，頁 0013 上。

〔註63〕陳榮波博士著，《禪海之筏》，志文出版社，1993 年 11 月再版，頁 36。

〔註64〕元·宗寶，《六祖大師法寶壇經》，《卍正藏》59 冊，台北：新文豐出版社，民 69 年 4 月，頁 0013 上。

就已經含攝在禪定之中。

《壇經·定慧品》云：

> 諸學道人，莫言先定發慧，先定發慧，各別。作此見者，法有二相。
> 口說善語，心中不善；空有定慧，定慧不等。若心中俱善，內外一
> 如，定慧即等。〔註65〕

慧能說：不要認為，先有禪定才能顯發智慧，也不要認為先要有智慧才能修
習禪定，如果有這種想法，就執著分別妄見了。要是有這種妄見，就已經把
「定」「慧」割裂為二了。這就好象一個人嘴巴講好聽的話，心理卻懷有不善
的念頭，空有「定」「慧」的虛名，「定」「慧」無法同時並用。〔註66〕假使心
口相應，表理如一，那就是「定」「慧」平等相即了。慧能認為定慧二者不能
分開。止息妄念，則心性明朗，寂而常照，照而常寂，故曰定慧一體，止觀
不二。以此「定慧」為本懷，作為吾人人生經驗的起點，以達究竟圓滿的人
生境界，而對生死的精神超克。

二、「無相戒」、「無相懺悔」、「無相三歸依戒」

慧能以「無相戒」為授受的儀軌。無相戒的授受，在其他佛教經典中未
經記載。因為佛性實相無相，所以無相戒就是佛性戒，是從本源上授戒。慧
能所授的無相戒，是從自性上授戒，以使授戒者永遠不離自性而達到解脫的
一種創新的戒法。「戒」是梵文 Sila 的意譯；音譯「尸羅」，意為「慣行」，轉
為「行為」、「習慣」、「道德」、「虔敬」，等，為戒律名詞。廣義說，善惡習慣
皆可稱戒，如善習稱為善戒，惡習稱為惡戒。但佛教通常當作善戒、淨戒使
用，特指為出家和尚和非出家的信徒制定的戒律，用以防非止惡。佛教的戒
律可分為戒相與戒體，戒相是指外在表現的持戒相狀，戒體是指受戒時內心
所產生的一種防非止惡的力量，並成為一種堅強的意志。戒法又有二百五十
戒、三百四十八戒、具足戒、八戒、十戒等等。佛教認為修行者經由戒律的
持守，使自己不墮三惡道，進而獲得無生法忍、實相般若的境界。而慧能對
於戒律的看法，他傳給學人的不是五戒、八戒……等等，而是要學人持無相
戒，又稱佛性戒、自性戒，因為人的心念會影響行為的好壞。

〔註65〕元·宗寶，《六祖大師法寶壇經》，《卍正藏》59 冊，台北：新文豐出版社，民
69 年 4 月，頁 0013 上。
〔註66〕引自劉貴傑、李開濟編著《佛學概論》臺北蘆洲：空大，民 90 初版，頁 349。

《壇經‧懺悔品》云：

> 一燈能除千年闇，一智能滅萬年愚。莫思向前，已過不可得。常思
> 於後，念念圓明，自見本性。善惡雖殊，本性無二。無二之性，名
> 為實性。於實性中，不染善惡，此名圓滿報身佛。自性起一念惡，
> 滅萬劫善因。自性起一念善，得恆沙惡盡，直至無上菩提。念念自
> 見，不失本念，名為報身。何名千百億化身？若不思萬法，性本如
> 空，一念思量，名為變化。思量惡事，化為地獄；思量善事，化為
> 天堂。毒害化為龍蛇，慈悲化為菩薩。智慧化為上界，愚癡化為下
> 方。自性變化甚多，迷人不能省覺，念念起惡，常行惡道。回一念
> 善，智慧即生，此明自性化身佛。〔註67〕

慧能認為修行者要守好自己的念頭，念頭在思量惡法，當下就在地獄；念頭
思量善法當下就在天堂。因為吾人的念頭如果是善的，就會產生智慧，，智
慧生發就能除心中的無明，就如同點一盞燈便能照亮千年已久的暗房。反之，
惡念一起，即是修持千年的善行也當下消失。一念善起，即是累積千年的惡
行也將滅卻。慧能認為吾人的外在行為的善惡取決於當下一念，因此念頭的
修持是非常重要的；而外在戒律的行持無法完全控制內在念頭生滅，所以慧
能特別強調心念的守護。但心念的守護並非從外相可知。於是他把心念的戒
行稱為「無相戒」，再傳授「無相懺悔」與「無相三歸依戒」。

（一）無相戒

《壇經‧懺悔品》云：

> 善知識！既歸依自三寶竟，各各志心，吾與說一體三身自性佛，令
> 如等見三身，了悟自性。總隨我道：「於自色身歸依清淨法身佛，於
> 自色身歸依圓滿報身佛，於自色身歸依千百億化身佛。」〔註68〕

慧能認為自在法性人皆有之，因此要去體見本體，它存在自性中的三身佛，
並且虔誠歸依。人的自性中有著清淨法身佛、圓滿報身佛與無數化身佛，要
歸依自性中的三身佛自悟自修自身功德，才是真歸依。「一體三身自性佛」意
謂佛之三身，即法身、報身、化身，都存在於自性之中。佛教認為佛有三種

〔註67〕元‧宗寶，《六祖大師法寶壇經》，《卍正藏》59冊，台北：新文豐出版社，民
　　　　69年4月，頁0026下。

〔註68〕元‧宗寶，《六祖大師法寶壇經》，《卍正藏》59冊，台北：新文豐出版社，民
　　　　69年4月，頁0016上。

身：「法身」指自性清淨、不生不滅，成就一切功德之身；「報身」指以法身為因，經過修習而獲得的佛果之身；「化身」指佛、菩薩度化眾生時所變化的種種形相之身。慧能以自性解脫三身佛，強調歸依三身佛就是歸依自性。其實慧能主張的歸依三身佛，指的是自性的三種特質：清淨、轉化與圓滿。

《壇經・懺悔品》云：

> 世人性本清淨，萬法從自性生。思想一切惡事，即生惡行；思量一切善事，即生善行。如是諸法自在自性中。如天常清，日月常明，為浮雲蓋覆，上明下暗。忽遇風吹雲散，上下俱明，萬相皆現。世人性常浮游，如彼天雲。善知識！智如日，慧如月，智慧常明。於外著境，被自念浮雲蓋覆，自性不得明郎。若遇善知識，聞得正法，自除迷妄，內外明徹，於自性中萬法皆現。見性之人，亦復如是。此名清淨法身佛。〔註69〕

慧能認為自性本來就是清淨的，而萬法也是從是從自性而生，自性的清淨就如同日月一樣的永遠明亮，但有時因雲霧覆蓋，使得上明下暗，下不能見到上的光明，不過如果遇到大風一吹拂，烏雲散盡，日月的光明又能頓見了。慧能在此說明自性的本來清淨，以自性為戒的「生死哲學」基楚，必能有安然自在的生死觀。

自性的另一個特質為「轉化」，《壇經・懺悔品》云：「若不思萬法，性本如空，一念思量，名為變化。」〔註70〕慧能認為吾人有思考能力，不可能不去思考，如果不去思考就會陷入斷滅的境界。但是思考又有善惡變化，思量惡法，當下就化為地獄，思量善法，則當下就成為天堂。善法與惡法全在吾人一念之間，這些都是自性的變化。若一件事情能從善的角度去看，則惡法就能轉化成善法，反之善法就會或成為惡法。慧能肯定能轉化，即使是念念相續的妄念也可以轉化成正法正念。「轉化」使吾人有豁達「生死哲學」觀。

自性又另一個特質是「圓滿」，

《壇經・懺悔品》云：

> 莫思向前，已過不可得。常思於後，念念圓明，自見本性。善惡雖殊，本性無二。無二之性，名為實性。於實性中，不染善惡，此名

〔註69〕元・宗寶，《六祖大師法寶壇經》，《卍正藏》59冊，台北：新文豐出版社，民69年4月，頁0016下。
〔註70〕元・宗寶，《六祖大師法寶壇經》，《卍正藏》59冊，台北：新文豐出版社，民69年4月，頁0016下。

> 圓滿報身佛。自性起一念惡，滅萬劫善因。自性起一念善，得恆沙
> 惡盡，直至無上菩提。念念自見，不失本念，名爲報身。〔註71〕

慧能認爲修行者若能不要常常想過往的種種，能多思量以後的行爲，而且在
每一念中都能念念光明，必能體悟到自性圓滿的生死觀。修行者如果一念惡，
千年來所累積的善因也會消滅；如果一念善，千百萬劫以來的惡業也會盡淨。
雖然人的念頭會隨著善惡環境而有分別，但是善與惡本出於眞如門，心的生
滅能轉心入眞如，惡也有轉善的可能，如此是以自性爲界的思想。

慧能的無相戒顯然在戒體和戒相兩方面都有其獨創性，在戒體方面，慧
能從自性清靜出發，強調依持本心，識心見性，覺悟成佛，把持戒與自心的
開悟結合。在戒相方面，慧能以實相無相的般若思想來破除對各種形式戒條
之執著，主張當下之心的念念無著，從自心啓般若觀照即是持戒。慧能的「無
相戒」強調「戒」以心爲本，這與他的「即心即佛」的禪學思想的特點是相
連一起的，是繼承傳統佛教戒法與發展，從自心的修持而達「生死哲學」的
實踐功夫。

（二）無相懺悔戒

慧能要行「無相懺悔」，以滅三世罪障。

《壇經・懺悔品》云：

> 今與汝受無相懺悔，滅三世罪，令得三業清淨。善知識！各隨我語。
> 一時道：弟子，從前念、今念及後念，念念不被愚迷染，從前所有
> 惡業愚迷等罪，悉皆懺悔，願一時消滅，永不覆起。弟子等，從前
> 念、今念及後念，念念不被憍誑染，從前所有惡業憍誑等罪，悉皆
> 懺悔，願一時消滅，永不覆起。弟子等，從前念、今念及後念，念
> 念不被嫉妒染，從前所有惡業嫉妒等罪，悉皆懺悔，願一時消滅，
> 永不覆起。〔註72〕

慧能要吾人將過去、現在及未來都須止住，將貪、瞋、癡、愚、妒都消滅。「無
相懺悔」就是要請求寬恕從前所犯的全部過失，又決心永遠斷除此後的罪過。
所以「無相懺悔」對修行者是非常重要的懺悔功夫，如果不懺悔，即使肯定

〔註71〕元・宗寶，《六祖大師法寶壇經》，《卍正藏》59 冊，台北：新文豐出版社，民
　　　　69 年 4 月，頁 0016 下。
〔註72〕元・宗寶，《六祖大師法寶壇經》，《卍正藏》59 冊，台北：新文豐出版社，民
　　　　69 年 4 月，頁 0015 上。

自性戒，也很難自修行起作用的。因爲每個人無始以來都帶有「業」，「業」有好有壞，好的能幫助修行，壞的就會阻礙修行者的發心，或是發心之後又會產生許多的執著與障礙。例如梁武帝在怖施上發了很大的心，但是卻被功德相所迷，此乃是「業」所引起的，要消除「業」就必須懺悔，經由懺悔，「業」才會消除。慧能要吾們經由自性的懺悔以滅罪緣。

《壇經·懺悔品》云：

> 迷人修福不修道，只言修道便是福。布施供養福無邊，心中三惡元來造。擬將修福欲滅罪，後世得福罪還在。但向心中除罪緣，各自性中眞懺悔。忽悟大乘眞懺悔，除邪行正即無罪。〔註73〕

慧能告訴其弟子不明正法的人，只知修福不知修道，以爲修福就是修道，這種人儘管布施齋僧福田無邊際，但本性上的三毒貪、瞋、痴卻然在造罪。想用布施求福來消除罪業，雖然此生能享受所種的福報，但無始劫的罪緣乃在。只要從清除罪業的根由，那就是自性中眞正的懺悔。頓時悟得大乘眞懺悔法，除去邪念履行正道就能無罪。慧能認爲，只有於相離相才能識心見性，因此，懺悔也應以「無相爲體」，以自心爲本。「無相懺悔」不注重外在的形式，而是注重內心的體悟，因而慧能突破傳統佛教誦經咒、念懺悔文等等定式，強調自己在平時的言行進行深刻的反省，從而認識到一切惡行均受妄念雜心所汙染，要除去妄心雜念需依本然的清淨心，永斷惡業。

（三）無相三歸依戒

《壇經·懺悔品》云：

> 善知識授與無相三歸依戒。善知識！歸依覺兩足尊；歸依正，離欲尊；歸依淨，眾中尊。從今日去，稱覺爲師，更不用歸依邪魔外道。以自性三寶常自證明。勸善知識，歸依自性三寶。佛者，覺也；法者，正也；僧者，淨也。自性歸依覺，邪迷不生，少欲知足，能離財色，名兩足尊。自性歸依正，念念無邪。以無邪見故，即無人我，貢高、貪愛、執著，名離欲尊。自心歸依淨，一切塵勞、愛欲境界，自性皆不染著，名眾中尊。若修此行，是自歸依。〔註74〕

〔註73〕元·宗寶，《六祖大師法寶壇經》，《卍正藏》59 冊，台北：新文豐出版社，民69 年 4 月，頁 0017 上。

〔註74〕元·宗寶，《六祖大師法寶壇經》，《卍正藏》59 冊，台北：新文豐出版社，民69 年 4 月，頁 0016 上。

慧能認為「無相三歸依戒」就是從自性中領悟三寶，佛就是覺，法就是正道，僧就是清淨。唯有歸依自性三寶，才能證得佛果。自心歸依覺，就不會產生邪見迷悟，就能成為福慧雙足、功德圓滿的人間至尊。自心歸依正法，則念念不會有邪念，就能成為離欲染煩惱的至尊。自心歸依淨，一切塵勞妄念即是存在自性，自性也不會因此而染著就能成為受到眾人崇敬的至尊。慧能告訴其弟子要歸依三寶，是不要吾們去追求外在的三寶，畢竟外在三寶是有形的有限的，讓人容易產生執著。因此，慧能將外相三寶化為自性三寶，使吾們自性歸依覺、正、淨。依此修行自性清淨無染、少欲知足，煩惱盡淨，慧能將「無相三歸依戒」完全落實在人的自心自性上，把向外求解脫的心轉化成向內自心的証悟，從而走上內在的超越之路，實踐超脫輪迴的「生死哲學」觀。

三、公案禪機的啓發

公案是用來啓發修行人作為明心見性的題材，以便直契於佛心，洞察人生之究境。例如五燈會元、景德傳燈錄、宗敬錄，請益錄、古尊宿語錄、虛堂集等等皆是一般通行的公案禪籍。何謂公案？它本是「公府的案牘，所以剖斷是非」，現引申為「祖師門應機垂示所用的語言和動作，所以剖斷迷悟」。〔註75〕禪宗認為人皆有禪機。何謂「機」？《易經‧繫辭》下傳第五章：「幾（同機）者，動之微，吉之先見者也。」莊子說：「物皆出於機。」〈至樂篇〉所謂「機」是一切萬物生命的開始。「禪機」就是我們人的原動力「自性」。三者所談的「機」雖然本質上皆有差異，但也都是在啓發吾們生命本源的認識；參禪在於把我們的自性發揚光大，時時刻刻護持，不受到外物之驅使，其所顯現的結果一定是純正的、至善的。禪是要求解捆綁生命活動的煩惱、繫縛，是為一種崇尚自由的智慧實踐的學問，是生命哲學的實踐功夫。慧能大師常以公案來做啓發，後學在此提出三個公案以做說明：

第一則公案是引自

《壇經‧機緣品》：

僧法海，韶州曲江人也。初參祖師，問曰：「即心即佛，願垂指諭。」
師曰：「前念不生即心，後念不滅即佛。成一切相即心，離一切相即佛。吾若據說窮劫不盡。聽吾偈曰：即心明慧，及佛乃定。定慧等

〔註75〕陳榮波博士著，《禪海之筏》，志文出版社，1993年11月再版，頁228。

持，意中清淨。悟此法門，猶如習性。用本無生，雙修是正。〔註76〕」
僧人法海是韶州曲江人。來參見慧能大師，問即心即佛之理。慧能大師教導
法海，即心即佛就是要在自性中定慧雙修，超然脫離物相，不受物相汙染，
而禮拜自心之佛。「前念不生即心，後念不生即佛。」造就萬般物相的即是心，
超然脫離一切相即佛。能夠時時處於不取著內、外境界或事相是一種智慧的
實踐。

第二則公案是引自

《壇經・機緣品》：

> 有僧舉臥輪禪師偈云：「臥輪有伎倆，能斷百思想。對境心不起，菩
> 提日日長。」詩文之曰：「此偈未明心地，若依而行之，是加繫縛。」
> 因示一偈云：「慧能沒伎倆，不斷百思想。對境心數起，菩提作麼長！」
>
> 〔註77〕

我們的日常生活中，人的感覺或知覺官能觸動對內、外境，而產生分別認識
的作用。然而心靈的識別活動，本質上是剎那生滅的，並不會衍生煩惱而繫
縛身心。慧能認為，引生煩惱以致於成為身心繫縛，主要是緣於識別作用產
生後，人心面對所識對象，進而投以「自我意志」以自我為主而取、捨活動
所造成的。一旦吾人意志取、捨心識有對象，那麼，基於心靈活動「念念相
續」的存在實況，只要無人不能當下自覺、照察心念「本性空寂」而證見「真
如自性」，自然而然就會落入身心受制於煩惱繫縛之中。慧能提出面對外境，
若是斷絕一切心念，亦是增加了新的繫縛。所以，臥輪禪師說：「臥輪有伎倆，
能斷百思想。對境心不起，菩提日日長。」慧能認為「此偈未明心地，若依
而行之，是加繫縛。」正是基於對

　　煩惱繫縛所由來的體認，慧能提出用以對治或解脫生命之煩惱繫縛的「無
念」修行，於是便落在促使自我本質表現為取、捨的「自我意志」之活動上，
不再隨著所識境相起現的生命哲學的實踐功夫。

第三則公案是引自《壇經・頓漸品》

> 師曰：「如師若為示眾？」對曰：「常指誨大眾，住心觀淨，常坐不臥。」

〔註76〕元・宗寶，《六祖大師法寶壇經》，《卍正藏》59 冊，台北：新文豐出版社，民
　　　　69 年 4 月，頁 0017 下。
〔註77〕元・宗寶，《六祖大師法寶壇經》，《卍正藏》59 冊，台北：新文豐出版社，民
　　　　69 年 4 月，頁 0022 下。

師曰：「住心觀淨，是病非禪。常坐拘身，於理何益？聽吾偈曰：「生
來坐不臥，死去臥不坐。一具臭骨頭，何爲立功課？」」〔註78〕

慧能認爲枯坐觀心是病態，非禪之眞意，只有體悟自性，才能無滯無礙，獲
得眞正的佛法。「自性」（梵語：svabhava）或「本性」（梵語：prakrti），慧能
觀察、反省吾人生命存在的生命性徵，而總結爲「人」是一種「念念不住」、
「念念相續，無有斷絕」的存有者。這種「人」之存有本質的發現，正爲解
脫成佛所以可能，以及修行功夫之爲必要的基礎觀念。「住心觀淨，是病非禪。」
體悟自性，才能無滯無礙，「自性」是要吾人求解脫煩惱的智慧之實踐中，建
立超越凡常的具體意義。慧能認爲吾人在主觀上、不起面對一切境相或取、
或捨的心念，當下就能處於般若智慧運作的狀態之中，而不離人心「念念不
住」的存有本質。因而「自性」具有存在的意義，是必須依修行者的實踐活
動而成就，而加以正顯和展現；假使離開修行者的實踐功夫狀態，即無具有
眞實生命的「自性」可言。因此，從修行中體悟自性是對治煩惱或解脫繫縛
的「生命哲學」實踐功夫。

〔註78〕元・宗寶，《六祖大師法寶壇經》，《卍正藏》59冊，台北：新文豐出版社，民
69年4月，頁0023上。

第四章 禪學思想中的養生觀

第一節 養生的定義

一、何爲養生

何謂「養生」？就從字面上的意義說，所謂的「生」是指生命，包括「形」與「神」兩方來說。當吾人生命結束之時，其狀況「五臟皆虛，神氣皆去，形骸獨居而終。」〔註1〕形體與精神是生命構成的兩大要素。明瞭養生之道，便能「形與神俱，而盡終其天年，度百歲乃去。」〔註2〕所謂「養」在許慎的《說文解字》提到「養，供養也，從食，羊聲。」〔註3〕「養生」就是供給或滿足生活所需的基本條件，使吾人生命得以延續。「養生」一詞，原出《管子》，又見於《莊子‧內篇‧養生主》，乃護養、保養生命，以達長壽的意思。《莊子‧內篇‧養生主》：「文惠君曰：『善哉吾聞庖丁之言，得養生焉。』」〔註4〕文惠君透過庖丁解牛所遵循之道，人須做到「依乎天理」、「因其固然」、「以無厚入有閒」的功夫，就能明白養生之道，在於能順應自然之理，避免自己受到傷害，《莊子‧內篇‧養生主》「緣督以爲經，可以保身，可以全生，可

〔註1〕宋‧史崧校正并音譯，《靈樞‧天年》，王雲五四部叢刊初編子部（82），上海：商務印書館，1936年，頁134。

〔註2〕《素問‧上古天眞論》。

〔註3〕許愼著，段玉裁注《說文解字》台北，黎明文化事業有限公司，1966年，第222頁。

〔註4〕晉‧郭象註，唐 成玄英疏《南華眞經疏》台北：譯文印書館1992年，第69頁。

以養親，可以盡年。」〔註5〕在人類的發展歷史中，經過無數漫長的歲月，健康長壽仍是人們一直嚮往與追求的願望，無論是原始人類的茹毛飲血，或是現代人津津樂道的各種保健食品，其目地都不外乎是爲了盡可能地延長個體的生存時間和提高生命的本質。

「養生」是中國自古以來流傳已久的學說，是中華文化的寶藏。各種養生方術是透過調身、調息、調心等方法來修練人的精、氣、神三元，進而達到強身建體、防病怯病、延年益壽、開發吾人生命的潛能。中華民族的養生文化始於上古先民爲了抵禦嚴酷的自然環境，增強體力，防治疾病之需求。養生是傳統文化的一個有機部份。在中國的歷史與文化佔有重要的地位，經過長期的發展與演變，對中國的政治、經濟、哲學、倫理道德、文學藝術、醫藥學、養生學、社會風俗等各方面都產生了重大的作用。在《呂氏春秋·節喪》中，養生就是不危害生命，說：「知生也者，不以害生，養生之謂也。」又說：「人之性壽，物者拍之，故不得壽。」〔註6〕可以預見，伴隨誤著社會物質文明的提高，人們對健康長壽的願望與要求也是與日俱增。古往今來，盡管人們賴以生存的自然條件和社會環境存在有極大的差異，但對健康長壽的要求卻是一致的。這正是人類自身對健康長壽的本能性的一種選擇，如此才形成中國養生文化的特色。

養生，又稱養性、攝生、道生、怡養等，即保健之謂。養生的內容，不但見於古醫籍中，凡文史哲和儒釋道經典多有論述。養生學專著，現存約有三百餘種，數千卷。老子「道法自然」，莊子「怡淡虛無」，孔子「自強不息」，荀子「制天命而用之」，子華子「流水不腐，戶樞不蠹」，等養生觀，促進中國傳統養生學的形成和發展。曹魏稽康的《養生論》、東晉葛洪的《抱朴子》、齊梁陶弘景的《養生延命錄》、唐代司馬承禎的《天應子》、宋代蒲虔貫的《保生要錄》、元代邱處機的《攝生消息論》、明代高濂的《遵生八箋》、清代汪昂的《勿藥元詮》等養生學名著，都是從食衣住行等日常生活的各方面，論述了養生的原則和方法，尤其記載了具有民族特色的、行之有效的多種導引術，展示了養生學豐富多彩的內容。〔註7〕

〔註5〕晉·郭象註，唐·成玄英疏《南華眞經疏》台北：譯文印書館1992年，第67頁。

〔註6〕戰國·呂不韋，《呂氏春秋·本生》，台北：中華，民國68年4版。

〔註7〕見《中國傳統養生學精粹》陳可冀·周文泉主編，臺灣初版，臺北市：台灣商務，1991【民80】第42頁。

　　相對於世界其他地區的養生文化而言，華夏民族的養生理論與養生實踐由於有著古代哲學和中醫基本理論爲底蘊，所以顯的博大精深。它匯集了我國歷代勞動人民防病健身的眾多方法，融合了儒、釋、道及諸子百家的學術精華，堪稱一棵充滿勃勃生機濃厚東方神秘色彩的智慧之樹。〔註8〕在古代諸家的養生觀中，道教的養生注重修煉，儒家的養生注重頤養，佛教的養生重視悟性，民間養生注重實用，武術養生重視技擊。現代醫學的養生著重臨床，以及預防醫學。鑒於中國養生文化本身一方面蘊含了深奧的人體科學和古代哲學理論，另一方面它又是頗具實用性的大眾文化現象。

二、爲何要養生

　　養生，通俗的說，就是生命的保養；或說，生命的自我管理、養護。在科學文明的時代，現代人物質豐沛，文明病侵襲我們的身心靈，所以今天有越來越人重視養生的問題，這裡面蘊含著既簡單、又深刻的道理。

（一）生存是一切作為的前提

　　《呂氏春秋·貴生》云：「聖人深慮天下，莫貴於生。」〔註9〕聖人深思熟慮天下的事，認爲沒有任何東西比人的生命更寶貴。這是爲什麼呢？

　　首先，從人自身來說，生命的存在與延續，是人自身一切欲求、須要產生和實現爲前提。人的耳朵雖然想聽悠揚的樂音，眼睛雖然想看艷麗的色彩，鼻子雖然想嗅芳香的氣味，嘴巴雖然想吃可口的酒食，皮膚雖然想接觸舒適的物品，四肢雖然想隨心所欲的活動，但是，如果生命不能存在、延續，那麼這一切都無從談起。人有七情六慾，但若生命不存在，則任何「情」、「欲」也都無從產生。所以，人自身生命的存在和延續，是人自身的一切欲求、需要產生和實現的前提，因而是人自身的第一欲求、第一需要。

　　其次，從自身以外來說，人的生命的存在和延續，是人的一切理想、願望和行動、作爲產生和實現的前提。人在有生之年，總有物質和精神的追求，即我們所說的理想、願望，實現自己的理想、願望須從事物質的精神活動。不管人們的理想、願望多麼美妙、宏偉，也不管人們爲實現其理想、願望所以從事的活動多麼威武雄壯、驚天動地，但都必須有個不可缺少的前提，就

〔註8〕引自劉松來，《養生與中國文化》，江西高校出版社，1995 年 5 月第一版第 2
　　　次印刷，第 1 頁。
〔註9〕戰國·呂不韋，《呂氏春秋·貴生》，台北：中華，民國 68 年 4 版。

是自身身命的存在和延續。沒有這個前提，再美好的理想、願望，再驚天動地的壯舉，也無法產生，更無法實現。

總而言之，無論從自身內或自身外來說，人的自身生命的存在和延續，是不可處與缺少的前提。如果沒了這個前提，那麼人們的一切欲求、需要、理想、願望以及行動、作爲，都將不具有任何意義。於是，重己、貴己，重生、貴生的思想便產生了，並隨著人類社會的發展而不斷擴散、發展。自古以來，人們把生命看得比天子還尊貴，比天下還重要。例如，《呂氏春秋·貴生》云：「今我生知我有，而利我也大矣。論其貴賤，爵爲天子，不足以比焉；論其輕重，富有天下，不可以意之；論其安危，一曙失之，終身不復得。」又云：「天下，重物也，而不以期害生，又況於他物乎？」由此可知天下雖然寶貴，但聖人不因他而損害自己的生命。所以存在是一切作爲的前提。

（二）健康、長壽是人人追求的目標

追求健康、長壽的養生之道，是「重己、貴己」，「重生、貴生」的思想所導致的邏輯產物。換言之，人們重己、貴己，重生、貴生，必然要追求健康、長壽必然地探求累積和創造養生之道。孫思邈在《千金要方》說：「天地之性，惟人爲貴，人之可貴，莫貴於生。」〔註10〕生命之于人只有一次，失而不能復得，因此，普天之下，沒有一個人不重視其生命，不追求健康、長壽。但是健康長壽的追求，並非在其主觀範圍內就能完全解決或奏效的事，他是要受到客觀條件，尤其是科技水平、社會生產力水平和社會文明程度的制約。科技水平所決定的醫療水平，在危害人類健康的許多因素、疾病缺乏科學認識和根治辦法的狀況下，人們的健康、長壽是沒有保障的。在社會生產力對危害人類的自然災害缺乏抗御的能力，給人們提供的物質文化的生活條件又相對缺乏的情況下，人們對於追求健康長壽同樣也是缺法保障。有此可知，追求健康長壽有下列因素：

1. 身體的素質，包括先天和後天的。一個人的先天素質如何固然對其健康、長壽有重大的影響，但更重要的是後天的保養。

2. 主觀的努力，包括意向、態度和方法等。有正面積極的觀念，才會有健康的身體。

3. 科技水平以及醫療預防保健的水平。他關係著人們是否能及時、順利地戰勝危害健康、長壽的疾病和傷殘。

〔註10〕唐·孫思邈，《備急千金要方》，台北：新銳出版社，1994 年 5 月。

4. 社會生產力水平以及由此決定的物質文化生活條件。他直接關係著人們能否在多大程度上獲得健康、長壽所必需的物質文化生活保障。

所以，追求健康、長壽，就涉及養生問題的探討。

第二節　《六祖壇經》禪學思想中的養生觀

有了人類，也就有了預防保健活動；即使在不知用火的時期，也存在避害趨利的自發活動。正如《素問·移經變氣論》所指出的：「往谷之人……動作以避寒，陰居以避暑。」歲月悠悠，生命種族在不斷翻習繁衍，與大自然病害的鬥爭也始終未能停歇。人們不斷的探索、嚐試、總結、淺灌、滋養著醫學的治療疾病和養生學的預防疾病，為人類卻病延年、健康長壽有著卓越的貢獻。隨著歷史的發展，歷經河套人、山頂洞人時代、仰紹文化、龍山文化時期，到了殷商時代（公元前十四紀左右）已出現最初的甲骨文，從出土文字看，其中有狀如洗澡的「浴」字，形同洗臉的「沬」字，展現出當時人們個人的衛生習慣。

春秋戰國時期，隨著社會生產進一步發展，學術界出現了百家爭鳴的局面。當時對養生影響最大的是儒、老、莊諸子及陰陽家等。儒家除了在禮節制度、飲食起居方面給養生以影響外，其所提倡的「仁」、「中庸」等思想也深刻地影響後世養生理論。老莊道家一派，由於以「根深固抵，常生久視」為目的，對養生影響更為直接。他們崇尚自然，要求返璞歸真，清靜無為；以靜為主，靜以養神而《老子·十五章》「以動徐生」。《莊子·刻意》篇：「吹響呼吸，吐故納新，熊經鳥申，為壽而已矣。」的呼吸導引養生法。西漢初，趁老莊而來的黃老學說盛行，揉合陰陽、神仙方士之術，在東漢時形成了道教。漢武帝時罷黜百家，獨尊儒術，改造儒家，使之神祕化而成為一種宗教儀式，漢明帝時，佛學東漸，皈依者日眾，出現儒、釋、道三教鼎立的局面。三教的差異比較在後面章節後學另有闡述。

在古代人們常常以「心」來指其主觀的精神，因此，從精神上的根本轉變和超越，被視為是心的解脫，「心」也就成了解脫的主體。《舍利弗阿毗曇論》卷二十七記載說：「若心不解脫，人非解脫相應。……若心解脫，人解脫相應。」〔註11〕禪宗和慧能皆強調心的解脫為生命的一大課題。他們所說的修心和心的解脫，就是說經由修心而達心的開悟解脫之境界。《壇經》心的解

〔註11〕《舍利弗阿毗曇論》卷二十七，《大正藏》第 28 冊，台北：新文豐出版社 1983 年 1 月修訂一版，頁 698 中。

脫是要人們把握當下之心，強調解脫是任心自運，是「內外不住，來去自如」〔註 12〕的一種境界。心的解脫是成佛的終極理想，也是《六祖壇經》禪學思想中的養生觀。

一、心平氣和

從佛家的養生觀點來說，佛家主張「無生」，以有生為空幻，縱使延年益壽，終難免一死，形體總是要壞的。因此特別注重精神的超脫，而不在乎形體的存無；釋家重視戒律，其五戒（不殺生、不偷盜、不邪淫、不妄語、不飲酒食肉），十誡（不殺生、不偷盜、不邪淫、不妄語、不飲酒、不塗飾香料、不歌舞、不眠高廣華麗坐床、不食非時食、不蓄金銀寶）等戒律，主張無欲無求的養生觀。禪宗的「五緣」有（持戒清淨、一食具足、閒居境處、息諸緣務、得善知識），「呵五欲」有（色、聲、香、味、觸），「棄五蘊」有（貪欲、瞋恚、睡眠、掉悔、疑），「調五事」有（調食、調眠、調身、調息、調心），「行五法」有（欲、精進、念、巧慧、一心）等對身心的修養和養生都是有很大的幫助的，禪宗的禪學思想對現代養生觀是不可或缺的一環。

《壇經》禪學思想的養生觀，對於繁忙的現代人有著深刻的影響，從身心靈的喜悅，從清淨心的體悟，從修行上去除無明，情緒中喜怒哀樂的平衡而達心平氣和的養生觀。

《壇經・般若品》云：

> 善知識！世界虛空，能含萬物色象。日月星宿、山河大地，泉源溪澗，草木叢林，惡人善人，惡法善法，天堂地獄，一切大海，須彌諸山，總在空中。是人性空，亦復如是。善知識！自性能含萬法是大，萬法在諸人性中。若見一切人，惡之與善，盡皆不取不捨，亦不染著，心如虛空，名之為「大」，故曰「摩訶」。〔註 13〕

「摩訶」是佛性的境界，它容量廣大，能包含萬物，而又不染不著，心如虛空，故名為「大」。人的自身本有佛性能包容萬物，萬事萬物都存在於自身的佛性中。若能對世界上的人，無論它是善的還是惡的，都能做到不偏愛、不捨棄，也不執著，不粘心，心如虛空般包容一切，心就會如止水平靜無礙，

〔註 12〕元・宗寶《六祖大師法寶壇經》，《卍正藏》59 冊，台北：新文豐出版社，民69 年 4 月，頁 0010 下。

〔註 13〕元・宗寶，《六祖大師法寶壇經》，《卍正藏》59 冊，台北：新文豐出版社，民69 年 4 月，頁 0009 上。

達到心平氣和的養生境界。

二、心通無礙

慧能大師以修禪定爲主，創下頓悟法門，對於諸種煩惱的負面情緒要減少、消除和淨滅。認爲必須通過修行，最後才能達到無煩惱般若境界。凡人都有煩惱的，煩惱會忽然生起，時而減少或消滅，要消除煩惱須追求心靈的安詳、自在。曾漆發說：「安詳是突破業障以後的心靈感受，安詳乃是完美人格的總體現，人體修煉的總體成果；若有絲毫執著，動輒得咎。安詳是去除心垢以後的心靈感受，沒有牽掛、恐懼、緊張、仇恨、忌妒等等黑暗想念。安祥是擺脫六根六塵纏縛以後的心態。」〔註14〕由此可知心的安詳自在對於解脫煩惱是必要的修行課程，又如慧能大師說：

《壇經・般若品》云：

> 若開悟頓教，不執外修，但於自心常起正見。煩惱塵勞，常不能染，
> 即是見性。善知識！內外不住，去來自由。能除執心，通達無礙。
> 能修此行，與《般若經》本無差別。〔註15〕

慧能認爲心覺悟，不執於外在的修行，而是心中經常興起佛的正見，那麼世俗的種種煩惱都就不會沾染自己的心地，那也就見到自己的佛性了。既能斬斷內心的煩惱，又不留戀於外在的物相，精神就可以自由自在，如此便能破除虛妄固執之心，通達一切圓融，無滯無礙，通達心通無礙的養生境界。慧能當下解脫之心並非是模糊的觀念，也不是抽象的概念，而是存在現實中的生活之體驗，是吾人生命解脫的根本。由「去來自由，心體無滯，即是般若。」〔註16〕慧能禪學的養生觀，實際上是從自我在精神上完全超脫，是人性在自我體悟中的充分實現，是自心擺脫內外的一切束縛的自然顯現，也就是心靈的自我解脫以達心通無礙的自如境界。

三、心靈自在

《壇經・般若品》云：

〔註14〕曾漆發，《安祥禪概述》，《中華禪學》，1990 年第 12 期，頁 110。
〔註15〕元・宗寶，《六祖大師法寶壇經》，《卍正藏》59 冊，台北：新文豐出版社，民
　　　 69 年 4 月，頁 0010 下。
〔註16〕元・宗寶，《六祖大師法寶壇經》，《卍正藏》59 冊，台北：新文豐出版社，民
　　　 69 年 4 月，頁 008 下。

> 心量廣大，猶如虛空。無有邊畔，亦無方圓大小，亦無青黃赤白，
> 亦無上下長短。亦無瞋無喜，無是無非，無善無惡，無有頭尾。諸
> 佛刹土，盡同虛空。世人妙性本空，無有一法可得。自性眞空亦復
> 如是。〔註17〕

慧能認爲世俗凡人以心度量外境爲心量，佛以離所緣而現量見一切爲心量。
人的心體容量範圍廣大，有如虛空一樣。它是無邊無際的，無方無圓，沒有
大小差異，沒有清、黃、赤、白顏色的不同，也沒有上下、長短的區分。也
沒有瞋怒與歡喜，沒有是與非，沒有善與惡，沒有頭與尾。諸佛淨土，都如
虛空知性。是人本具有如佛性般的虛空之性，所以沒有任何一法可以執著的，
人的自性眞空，不染一物，若能如此，煩惱淨盡，即能達心靈自在的養生境
地。

　　慧能又認爲，人之所以爲人就在於他念念不斷，念念相續，煩惱就不斷。
人的心念如果能自然流運，不滯不著，這即是「無念」，也是「正念」，正念
是由「正如自性起念」。慧能所要求的「無念」是於念而無念，無念而常念的
正念，正念是超越眞妄的「本念」也就是本心之念，本然之念，即是人們自
家生命的顯現。據此，慧能便要求「念念自見，不失本念」〔註18〕。這樣的
無念即見性，見性即得解脫，即得解脫，心靈自在，爲其養生觀。

四、以心印心

　　世尊所傳 之法是「以心印心」的無上甚深微妙心法，在靈鳶山會上所示
現的「拈花微笑」。當時釋加牟尼佛在靈鳶山會中，大梵天王獻上金色的波羅
花，世尊就拿著一朵波羅花示眾，眾弟子們皆不知其意，唯有大弟子大迦葉
破顏微笑，世尊說：「吾有正法眼藏，涅槃妙心，實相無相，微妙法門，不立
文字，教外別傳，附囑摩訶迦葉。」以心印心、以心傳心的「心法」，禪宗就
是以此爲歸依，歷代祖師傳承衣缽之外，也傳承釋尊所傳的「心法」。自古「衣
缽易奪，心法難得」。

　　《壇經・行由品》云：
> 昔達摩大師初來此土，人未之信，故傳此衣，以爲信體，代代相承。

〔註17〕元・宗寶，《六祖大師法寶壇經》，《卍正藏》59冊，台北：新文豐出版社，民
　　　　69年4月，頁0010下。

〔註18〕元・宗寶，《六祖大師法寶壇經》，《卍正藏》59冊，台北：新文豐出版社，民
　　　　69年4月，頁0016下。

法則以心傳心，皆令自悟自解。自古佛佛惟傳本體，師師密付本心。
〔註19〕

佛法之授受是以心印心相傳。禪宗祖師繼承，內傳法印，以契證心；外傳迦裟，以昭信體。諸佛的傳承，只傳法身本體。佛有三身，相於應身而言是法身，法身爲佛之眞身，法性之本體。歷代祖師繼立時，傳授的是對佛性的悟解，即「以心傳心」。禪之本意不立文字，故曰心印。

《壇經・機緣品》云：

僧法海，韶州曲江人，初參祖師，問曰：「即心即佛，願垂指諭。」
師曰：「前念不生即心，後念不滅即佛。成一切相即心，離一切相即
佛。吾若具說，窮劫不盡。聽吾偈曰：即心名慧，即佛乃定。定慧
等持意中清淨。悟此法門，由汝習性，用本無生，雙修是正。〔註20〕

慧能大師開導法海，即心即佛就是要在自性中定慧雙修，超然脫離物相，而禮拜自心之佛。陳榮波博士認爲，禪宗修行的終極目標在於悟，在於體證。無悟處，即無禪可言。此種悟力是從人的清瑩明澈之心體而來的。〔註21〕

《壇經・機緣品》云：

善知識！心量廣大，遍周法界用即了了分明應用便知一切。一切即
一，一即一切。去來自由，心體無滯，即是般若。善知識！一切般
若智，皆從自性而生，不從外入。莫錯用意，名爲眞性自用。〔註22〕

慧能認爲禪宗的精神在於體悟佛性，而不在於枯心空坐、斷絕心念。心量廣大，無所不及，周遍於宇宙萬事萬物。心的發用，世間萬相便了了分明；適應外在境相的變化，心體便得知一切。《楞嚴經》卷一云：「由心生故，種種法生。由法生故，種種心生。」「諸法所生，唯心所現。一切因果，世界微塵，因心成體。」若能了知心外無境，境外無心，心境無二，一即一心，心即一切，更無掛礙。一切般若之智，皆從本有的佛性而來，不是從外界獲得的。不要錯用了心，自身的佛性眞如，自家受用。禪宗是講「以心傳心」，特重心法的印證。

〔註19〕元・宗寶，《六祖大師法寶壇經》，《卍正藏》59 冊，台北：新文豐出版社，民
　　　　69 年 4 月，頁 0007 下。
〔註20〕元・宗寶，《六祖大師法寶壇經》，《卍正藏》59 冊，台北：新文豐出版社，民
　　　　69 年 4 月，頁 0017 下。
〔註21〕陳榮波博士著，《禪海之筏》，志文出版社，1993 年 11 月再版第，頁 225。
〔註22〕元・宗寶，《六祖大師法寶壇經》，《卍正藏》59 冊，台北：新文豐出版社，民
　　　　69 年 4 月，頁 0008 下。

永嘉大師自述他的修道歷程：「吾早年來積學問，亦曾討疏尋經論，分別名相不知休，入海算沙徒自困，卻被如來苦訶責，數他珍寶有何益，從來蹭蹬覺虛行，多年枉作風塵客。」（證道歌）這一段話指出永嘉大師經由六祖心印之後的肺腑之言，強調心印在修道上的重要性。〔註23〕慧能認為佛性有如虛空，因為祇有虛空才能容納萬法。也只有虛空才能不著任何物體現相，不受因緣所累，甚至連空本身亦不可執，直達佛的最高境界。慧能將禪修是為修行者內心的一種體驗，因此，他從「自性般若」出發，起自性般若觀照是「不假文字」〔註24〕的，只要能識自本心，見自本性，去除執心、妄心，就能成就佛道。「以心印心」為其禪學思想的養生觀。

第三節　《六祖壇經》養生觀的特色

一、頓悟成佛

「禪」一字，梵語為 Dhana，中譯為思修惟，或譯為靜慮或禪定。慧能的「頓悟法」是影響後世佛教最深的禪學思想，而他的其他思想都以「頓悟」為最終意涵。例如「三無」的思想，是透過「念而無念」、「於相而離相」、「不住一切法」當中，使吾人的心念回復到純然的境界、去迷返悟，頓悟己的佛性；又如慧能強調「禪非坐」的思想，是在反對透過坐禪可以成佛，因為「三世諸佛、十二部經，在人性中本自俱足。」〔註25〕修行是不假文字方法與形式的，只要吾們能頓悟自性，當下就能進入佛的境界。由此可知，慧能將成佛視為「自性覺悟」，自性若覺即能成就佛道。

《維摩經》云：

> 富樓那！此比丘久發大乘心中忘此意，如何以小乘法而教導？之我觀小乘智慧微淺，猶如盲人，不能分別一切眾生根之利鈍。時維摩詰即入三昧，令此比丘自識宿命，曾於五百佛所植眾德本，迴向阿耨多羅三藐三菩提，即什豁然，還得本心，於是諸比丘稽首禮維摩詰足。時維摩詰因為說法，於阿耨多羅三藐三菩提不復退轉。〔註26〕

〔註23〕陳榮波博士著，《禪海之筏》，志文出版社，1993年11月再版第，頁227。

〔註24〕元・宗寶，《六祖大師法寶壇經》，《卍正藏》59冊，台北：新文豐出版社，民69年4月，頁0010上。

〔註25〕元・宗寶，《六祖大師法寶壇經》，《卍正藏》59冊，台北：新文豐出版社，民69年4月，頁0010下。

〔註26〕《大正藏》14冊《維摩詰所說經》卷一台北：新文豐出版社，1983年1月修

維摩詰告訴富樓那、比丘等，人因累世輪迴，卻忘卻了自己是大乘根機之人，
而大器根機之人何能用小乘法來引領呢？接著維摩詰就爲這些比丘們說法令
他們能自識自己的宿命因緣，體證自己的本性，眾比丘在維摩詰的開示下當
下頓悟，明瞭自己原來亦有一顆與佛無別的菩提心，並且立即發心立願，誓
將成就無上正等正覺永不退轉菩提心。又一則在《維摩經》中提到魔女受到
維摩詰的感化，體認到「欲樂」不如「法樂」，可證法身慧命並非只有佛陀獨
有，只要能頓悟人人本有，即使是魔女亦能經由修行而進入佛國淨土，成就
佛果。〔註 27〕另外，南北朝的竺道生亦提出頓悟法。

《肇論疏》云：

> 竺道生法師大頓悟云，大稱頓者，明理不可分，悟語極照。以不二
> 之悟，符不分之理。理智恚釋，謂之頓悟。〔註 28〕

《大般涅槃經集》云：

> 夫眞理自然，悟亦冥符。眞則無差，悟起容易？不易之體，爲湛然
> 常照，但從迷乖之，事未在我耳。〔註 29〕

竺道生之大頓悟是因其主張「理不可分」，既然理不可分，而且法性理體又是
湛然常照，這樣一來，悟則全悟，不應有階次。他認爲十住之內是不足以悟
道的，因十住之內都還是大夢之境，必須要修到十住的「金剛心」才能豁然
大悟，進而把一切的塵勞妄思消除，而證得菩提，超脫輪迴，出離生死苦海。

　　慧能的頓悟法門受到竺道生的影響，將頓悟與成佛互相連繫，將頓悟當
作是成佛最終、最根本的方法，更把頓悟的實現歸因於當下的每一個心念，
悟則是佛，迷則是眾生。

《壇經・般若品》云：

> 善知識，菩提般若之智，世人本自有之，只緣心迷，不能自悟，須
> 假大善知識示導見性。當知愚人、智人，佛性本無差別。只緣迷悟
> 不同，所以有愚、有智。〔註 30〕

　　　　訂一版，頁 541。

〔註 27〕《維摩詰所說經》《大正藏》14 冊卷一台北：新文豐出版社，1983 年 1 月修
　　　　訂一版，頁 543。

〔註 28〕《肇論梳》中所引的道生語、見《卍續藏》第 150 冊，頁 858。

〔註 29〕《大般涅槃集解》卷一《大正藏》37 冊台北：新文豐出版社，1983 年 1 月修
　　　　訂一版，頁 380。

〔註 30〕元・宗寶，《六祖大師法寶壇經》，《卍正藏》59 冊，台北：新文豐出版社，民
　　　　69 年 4 月，頁 0009 上。

《壇經・般若品》云：

> 一切經書因人說有。緣其中人中，有愚有智。愚爲小人，智爲大人。
> 愚者問於智人，智者與愚人說法。愚人忽然悟解心開，即與智人無
> 別。善知識！不悟即佛是眾生，一念悟時眾生是佛。〔註31〕

慧能認爲一切萬法皆因人而立，一切佛性皆在自性之中，故不悟則佛是眾生，頓悟則眾生是佛。一切佛經都是爲了向人們講說佛法而立的，而非佛法本身。佛法本在人心中，只可領悟，不可言說。《楞伽經》卷二云：「言教爲假名，彼亦無有相。」以佛法比喻爲天上之明月，以文字解說比喻爲指月之手指，《楞伽經》卷二云：「如愚見指月，觀指不觀月。計著名字者，不見我眞實。」是說吾人不可誤認文字爲佛法。慧能的修行是不分階次，一悟即到佛地，即使是大善知識亦不可依賴，因大善知識只是示導見性的方便法而已，提醒本有自性之存在而已，開悟還是要靠自己，假若本性迷失，有大善知識的指點也是徒勞無功，解脫的關鍵在自己本身悟與不悟，而不在外力的干涉。慧能的頓悟之法亦無需像竺道生所言，要修到十地菩薩才能頓悟成佛，只要當下一悟便至佛地。慧能將佛與眾生的差別，決定於吾人一念之間的迷悟。慧能的頓漸之法，並非教法之外另有漸法，會有頓漸之分是因爲，人的根器問題。

《壇經・般若品》云：

> 善知識！小根之人，聞此頓教，猶如草木根性小者，若被大雨，悉皆
> 自倒，不能增長。小根之人，亦復如是。元有般若之智，與大智人更
> 無差別，因何聞法不自開悟？緣邪見障重，煩惱根深。猶如大雲覆蓋
> 於日，不得風吹，日光不現。般若之智亦無大小，爲一切眾生自心迷
> 悟不同。迷心外見，修行覓佛。未悟自性，即是小根。〔註32〕

小根小器之人，自性邪心妄見，執迷心較重，煩惱心多無法悟得本性如同大雨一下草木根性小的土地時，這些小草會被淹沒而無法成長。大雨就像是正法，小根之人聽聞頓教法時，不像悟道之人能從中吸取養份，反而被淹死。爲了根器小之人因無法承受無上頓教法，因此要求大善知識教導他們，等他們邪見煩惱去除後，一聽聞頓法便會生起無量的法喜，當下便能悟道，通達自在，進而達到解脫的境界。由此可知，慧能的禪法並無頓漸之分，只有迷、

〔註31〕 元・宗寶，《六祖大師法寶壇經》，《卍正藏》59 冊，台北：新文豐出版社，民
　　　　69 年 4 月，頁 0011 上。

〔註32〕 元・宗寶，《六祖大師法寶壇經》，《卍正藏》59 冊，台北：新文豐出版社，民
　　　　69 年 4 月，頁 0010 下。

悟問題。神會是慧能的嫡系子弟，對頓悟有其看法：

《神會語錄》云：

> 發心有頓見，迷悟有有遲疾。若迷即累劫，悟即須臾。此義難知，
> 爲汝先以作事喻，後明斯義，或可因此而得悟解。譬如一鋠之絲，
> 其數無量，若合爲一繩，置於木上，利劍一斬，一時俱斷。絲數雖
> 多，不勝一劍。發菩提心，亦復如是。〔註33〕

由上文可知神會思想完全繼承慧能。神會說明慧能的頓悟法與成佛的關係。
一般眾生的煩惱無邊無盡，就如同一團數不盡的絲線一樣。如果能將絲線綑
成一束，再用寶劍一斬，這絲線亦將一下斬斷，無邊無盡的煩惱亦轉爲清淨
的菩提。這煩惱與菩提的轉化就在人的一念之間，眾生若能一悟，頓悟到無
生法理，煩惱盡淨，就能悟得自己的心性與佛無差別。慧能的成佛之道亦是
如此。神會又說：

《神會語錄》云：

> 眾生見性成佛道。龍女須頓發菩提心，便成正覺。又令眾生入佛知見，
> 若不許頓悟者，如來即合遍說五乘；今既不說五乘，唯言眾生入佛知
> 見，約斯經義，只顯頓門，唯一念相應，實更不由階漸。〔註34〕

神會說：眾生只要能頓悟見性就能成佛，龍女在一瞬間覺悟成就了無上菩提，
進而成爲正等正覺。神會認爲這是佛所說的道理，如果佛陀不認同頓悟法，那
佛陀將會把五乘法當作至上法。但是佛並未將五乘法當作最終法，只要眾生能
入佛知見。依此可知佛陀只顯頓悟法門，成佛皆在一念之相應，確實不用階段
次序。神會再次將成佛與頓悟法門聯系在一起，將漸法排除在在成佛法門之外，
慧能大師的頓悟法爲其修行的最終之法。慧能的頓悟是要求人們當下的實踐之
心，所謂「悟」是自心任運，念念不起執著，自心本性自然顯現；「悟」必爲頓
悟，它就在人們當下一念之中得以實現。慧能的頓悟不假漸修，融修於悟之中，
頓修頓悟，頓悟頓修，這是慧能頓悟成佛養生觀的特色之一。

二、識心見性

慧能所言的心都是以人們當下的心爲依持，識心見性是指識自心的自我

〔註33〕邢東風釋譯，《神會語錄》，臺北：佛光山宗務委員會印行，1996年8月出版，
　　　　頁149。
〔註34〕邢東風釋譯，《神會語錄》，臺北：佛光山宗務委員會印行，1996年8月出版，
　　　　頁107。

觀照，是人們自心的自在任運，既沒有一個心可以識，也沒有一個性可以見，只有在內外無著之中才能顯現本自俱足一切無相無念無住的本然，因此，慧能反對觀心看佛，強調眾生與佛的本來不二，凡聖的別只在迷悟之不同，而迷悟又只是有念與無念之別，慧能說：

《壇經・機緣品》云：

　　善知識！智慧觀照，內外明徹，識自本心。若是本心，即本解脫。
〔註35〕

　　若無塵勞，智慧常現，不離自性。悟此法者，即是無念、無憶、無著，不起誑妄，用自真如性，以智慧觀照。於一切法，不取不捨，即是見性成佛道。〔註36〕

慧能認為眾生自心圓滿俱足，自性常起正見，即是見性。識心、見性與開悟、解脫具有相同的意義。識心見性是於「念念無著」之中實現的，慧能的「識心見性」具有修行法、解脫境的特色，同時，它又不離現實的生活。要求任心自運，內外無著，行「無念行」。這裡所說的「無念」，並非要人百物不思，一念斷絕，等同木石，因為那樣也就無所謂的解脫了。慧能主張的無念，無的是妄念，即「不於法上生念」。至於正念，是「念念不斷」的。「一念斷即死」還能談何解脫呢？慧能說：

《壇經・機緣品》云：

　　善知識，於諸境上心不染，曰無念。於自念上，常離諸境，不於境上生心。若只百物不思，念盡除卻，一念絕即死，別處受生。〔註37〕

由此可知慧能注重現實之人的解脫。這裡的「別處受生」主要的不是在表達「形神相離」、「輪迴轉生」的思想，而是在突顯當下解脫之事。人之所以為人就在於他念念不斷，念念相續。人的心念自然流轉，不滯不著，這樣既是「無念」，也是「正念」，正念是「真如自性起」。慧能又說：

《壇經・定慧品》云：

　　善之識！無者無何事，念者念何物？無者無二相，無諸塵勞之心，

〔註35〕元・宗寶，《六祖大師法寶壇經》，《卍正藏》59 冊，台北：新文豐出版社，民 69 年 4 月，頁 0011 上。

〔註36〕元・宗寶，《六祖大師法寶壇經》，《卍正藏》59 冊，台北：新文豐出版社，民 69 年 4 月，頁 0010 上。

〔註37〕元・宗寶，《六祖大師法寶壇經》，《卍正藏》59 冊，台北：新文豐出版社，民 69 年 4 月，頁 0014 上。

> 念者念眞如本性。眞如即是念之體，念即是眞如之用。眞如自性起
> 念，非眼、耳、鼻、舌能念。眞如有性，所以起念。眞如若無，眼、
> 耳、色、聲當時即壞。善知識！眞如自性起念，六根雖有見聞覺之，
> 不染萬境，而眞性常自在。〔註38〕

也就是說，自然任運的無念之念就是體，無念之念的自然任運就是用，眞如
的體用就是無念之念本身，兩者「亦無差別」。因此，慧能所要求的「無念」
是於念而無念，無念而常念的正念，正念是超越眞妄的「本念」也就是「本
心之念，本然之念」，實即人們自家生命的顯現。據此，慧能便要求《壇經·
定慧品》云：「念念自見，不失本念。」〔註39〕這樣的「無念」也就是見性成
佛道了。這樣，修行法與解脫境在「無念」就合而爲一了。所以，「識心見性」
是慧能養生觀的特色。

三、即心即佛自在解脫

在中國古代思想中，往往把具有主觀精神活動是爲人與他物相區別的一
個標誌，而主觀精神又常被歸結爲「心」、「心神」或「心念」。這樣，慧能把
心與性都統一到人們的當下之心，實際上也就是把佛拉向普通的人。因此慧
能說：

《壇經·附囑品》云：

> 自性若悟，眾生是佛；自性若迷，佛是眾生。自性平等，眾生是佛；
> 自性邪險，佛是眾生。汝等心若險曲，即佛在眾生中；一念平直，
> 即是眾生成佛。我心自有佛，自佛是眞佛。自若無佛心，何處求眞
> 佛？〔註40〕

慧能的「即心即佛」把佛性拉回到人的自身，因而他所說的解脫也就是人心
的自在任運，是人於當下生存中自性的覺悟，而不是傳統佛教所謂的「出世
解脫」。慧能的解脫是以當下的「自在解脫」爲其重要的特徵。慧能的即心即
佛、自在解脫，本質上是一種自成佛道的自我解脫之法，強調事依靠自力，
要人們靠自信與自力去實現自我的拯救與解脫。慧能一方面強調「萬法在自

〔註38〕元·宗寶，《六祖大師法寶壇經》，《卍正藏》59 冊，台北：新文豐出版社，民
　　　　69 年 4 月，頁 0014 下。

〔註39〕元·宗寶，《六祖大師法寶壇經》，《卍正藏》59 冊，台北：新文豐出版社，民
　　　　69 年 4 月，頁 0016 下。

〔註40〕元·宗寶，《六祖大師法寶壇經》，《卍正藏》59 冊，台北：新文豐出版社，民
　　　　69 年 4 月，頁 0029 上。

性」要人放棄對外在於自我的一切東西（哪怕是佛、是道）的追求，另一方面又突出自心的覺悟，強調依靠自心來實現自我的解脫，而這種解脫是不離凡夫身、不離世間的。融和宗教的信仰於現實生活中，將超越的情懷委於當下，把解脫的主動權放到各人的手上，這成為慧能養生觀的一大特色。

第四節　《六祖壇經》禪學思想對現代養生觀的應用

一、無念為宗、無相為體、無住為本

　　中國佛教醫學，就離不開禪宗。禪宗是中國化佛教，它多方面吸收了儒、道兩家的思想，同時反過來影響著儒道兩家的發展。從中國養生醫學的觀點看，人的身心是一個整體。就個人說求得自我心身內外的和諧是健康的第一要義。人會生病往往是因為「我執」引起的，而導致身心失調，因而百病叢生。禪除了對人類社會有其重要意義（如哲學上的、文學上的、信仰上的等等）之外，在「養生」問題上，破除「執著」實是最應重視。人要保養其身心，就要調節好自己的生理和心理兩個方面。如何調節好自己的身心，禪宗並不要求你去故意做甚麼，而是在日常生活中能自自然然、平平常常地生活。「春看百花秋看月，夏有涼風冬有雪，若無閒事掛心頭，便是人間好時節。」所以，慧能大師要我們在日常生活中要無所執於相、念、住，而得自在解脫。慧能說：

　　《壇經‧定慧品》云：

　　　善知識！我此法門，從上以來，先立無念為宗，無相為體，無住為本。〔註41〕

「無相」是說對一切現象不要去執著，也就是離相，因為一般人往往執著現象以為實體，這是「取相著相」障得自性，如雲霧覆蓋天空一樣，如果能「於相離相」則可頓見性體本來清淨。認識到萬相無相，是清心養生的本體。何名無相？「無相者於相而離相」。這裡有二層意思：第一，「凡是有相，皆是虛妄」，這是對萬法的真實性加以否定。萬法既不真實，故不可執著。第二，實相無相，性本清淨。這是以破邪顯正，以無相之實向來表示無相之心。在破除萬相的虛幻後，慧能即將心性突顯出來，作為解脫的依據。

〔註41〕元‧宗寶，《六祖大師法寶壇經》，《卍正藏》59 冊，台北：新文豐出版社，民69 年 4 月，頁 0014 下。

「無住」是說人的自性本來是念念不住，前念、今念、後念是相繼不斷的，如果一但停止在某一事物上，那麼就不能念念不住而是念念即住了，這樣「心」就被束縛住了，「心不住法即流通，住即被縛。」如果能對一切事物念念不住，過而不留，這樣身心就不會被束縛。

「無念」不是百物不思，念盡除卻，不是對任何事物都不思量，而是在接觸事物時，心不受外境的影響，「不於境上生心」。「念」是心的作用，心所對的是境，一般人在境上起念，如境美好，那麼就在境上起念，而有貪；如境不好，那麼就在境上起念，而有瞋。因此一般人的「念」是依境而起，隨境變遷，這樣的「念」是「妄念」，經常為境所役使，而不得自在。如果能「於諸境上心不染」，這樣就可以不受外境干擾，雖處塵世，卻可無染無雜，來去自如，自性常清淨，心性平和而百病不入。因此，禪宗的養生最重要是從養性上作培養。

因此，「三無」的禪學想應用到現代養生觀有下面兩點：第一，慧能禪法之基礎的「心」，既非真心，又非妄心，而是念念不、念念無住的當下現實之心；它又可說是真心（無念、無住即真），又是妄心（起念、有著即妄），又兼真妄而有之。作為真心，它是解脫的主體；作為妄心，它是繫縛的根源。迷悟凡聖，就在自己的一念之中。第二，慧能禪的思想所關注的是每個人的自我解脫，它並不是探究萬法的來源，也不是尋求萬法的本體。但是，在慧能對人的解脫的論述中，表現出它獨特的本體論思想，這就是它超越了傳統的本末、體用之二分對立，把當下一念的對立泯滅，而形成其唯當下現實之心的本體論思想，把「當下現實之心」應用到現代養生觀中。

二、動靜不二　性自清淨

吳汝鈞教授說：「禪的本質在於一個動靜的心靈，這心靈或主體性恆時在作用中，在對世間作不取不捨的妙用。因此禪是無所謂靜態的，即是這禪心恆時在起動，恆時在動態中。」〔註42〕在養生方面住心坐禪的重要，

《壇經・坐禪品》云：

> 此門坐禪，元不看心，亦不看淨，亦不是不動。若言看心，心原是妄。知心如幻，故無所看也。若言看心，心原是妄。知心如幻，故無所看也。若言看淨，人性本淨，由妄念故，蓋覆真如。但無妄想，

〔註42〕吳汝鈞著，《游戲三昧：禪的實踐與終極關懷》初版，臺北市：臺灣學生，民82，頁164。

性自清淨。〔註43〕

慧能大師要吾們只要能自見清淨本心，自修自行即是真正坐禪的境界。坐禪既不執著於看心，也不執著於看淨，也不是要常坐不動。如果又執著看心，心原本就是虛妄不實。知道心屬虛妄也就無所著了。

《壇經‧坐禪品》云：

> 起心看淨，卻生淨妄。妄無所處所，看者是妄。淨無形相，卻立淨
>
> 相，言是工夫。作此見者，障自本性，卻被淨縛。〔註44〕

若是一味的追求清靜，就會生出虛妄不實的清妄境界。虛妄不實，故無處所。既無處所而又追求觀想，是為妄想。淨是無形無相，不去不來，如果事先立下看淨之心，反而障蔽本性，而生煩惱心。

《壇經‧坐禪品》云：

> 善知識！若修不動者，但見一切人時，不見人之是非、善惡、過患，
>
> 即是自性不動。〔註45〕

慧能大師認為自性的修持，不僅不見人之是非、善惡、過患，更要求口不議論他人之是非，而且心中泯滅世俗是非、善惡、罪福的區別，視為同一不二。認識到一切皆因緣和合，俱屬虛幻，方能增進定力，自性不動。心能動靜不二，亦能增進養生之道。將其「動靜不二，自性清淨」的禪學思想應用到現代養生觀。

三、自在神通　游戲三昧

《壇經‧頓漸品》云：

> 若悟自性，亦不立菩提涅槃，亦不立解脫知見。無一法可得，方能
>
> 建立萬法。若解此意，亦名佛身，亦名菩提涅槃，亦名解除知見。
>
> 見性之人，立亦得，不立亦得，去來自由，無滯無礙，應用隨作，
>
> 應語隨答，普見化身。不離自性，即得自在神通，游戲三昧，是名
>
> 見性。〔註46〕

〔註43〕元‧宗寶，《六祖大師法寶壇經》，《卍正藏》59 冊，台北：新文豐出版社，民
　　　69 年 4 月，頁 0014 下。

〔註44〕元‧宗寶，《六祖大師法寶壇經》，《卍正藏》59 冊，台北：新文豐出版社，民
　　　69 年 4 月，頁 0014 下。

〔註45〕元‧宗寶，《六祖大師法寶壇經》，《卍正藏》59 冊，台北：新文豐出版社，民
　　　69 年 4 月，頁 0014 下。

〔註46〕元‧宗寶，《六祖大師法寶壇經》，《卍正藏》59 冊，台北：新文豐出版社，民

慧能認為若是覺悟之人，必能達到涅槃解脫的境界。必再修證菩提涅槃，不必再修證解脫知見。身外無法，在自性中來去自由，沒有阻礙，依據形勢而隨機動作，依據語言環境而隨口應答，處處表現都是化身佛。只要不離自身佛性，自在欣悅，無所滯礙，就能自在變化，游戲於禪定的境界中，這即見性，亦是養生之道。所謂游戲三昧，是禪者或覺悟者以三昧為基礎，在世間自在無礙地進行種種教化、點化、轉化的工夫，對於不同情境、條件的眾生，皆能自在地拈弄，以適切的手法或方便去回應，使他們都得益，最後得覺悟。禪者運用種種方便法門，總是那樣揮灑自如，得心應手，了無滯礙，仿如游戲，完全沒有侷束的感覺。〔註47〕

　　禪的游戲，必須以三昧為基礎，否則意志不易把持得住，易流於蕩漾；三昧是梵語的音譯，意為禪定。這本是一種使意志集中起來，不向外散發的修行。在三昧的修習中，修行者所關心的，是如何強化自己的意志，使如金剛石般堅住，不對外起分別意識，不與外界作主客對立，不為外在的感官世界所吸引、誘惑。在整個修習過程中，意志的純化是最重要的功課。在方法上，這功課需要在清淨和寂靜的的環境中進行，因而它予人的靜態感也不能免。這是心靈的凝定階段。這階段過後，純化的工夫完成了，心靈便可從凝定的狀態中躍起，在世間起種種作用，教化眾生。〔註48〕見性之人並不離開行、住、坐、臥，視、聽、言、動，它只是一個心靈自由、自由自在的人而已。慧能「自在神通，游戲三昧」的禪學思想，應用於現代的養生觀亦是有所助益的。

四、住心觀淨　是病非禪

　　坐禪觀心是傳統佛教的修行方法之一，但慧能對坐禪提出他獨特的看法。禪宗以禪命宗，卻並不以坐禪入定為功夫。自菩提達摩來華傳禪，此系的禪法一直比較注重「隨緣而行」，但也並沒有完全排斥坐禪調息等傳統的習禪形式，五祖弘忍大師對「坐禪」都還是身體力行的，道信和弘忍在組織方便法門時，都還給「坐禪」留了一席之地。但到慧能時，卻明確提出了禪非坐臥，反對執著坐禪。慧能根據離相無念即為識心見性、頓悟成佛的思想，

---

　　69 年 4 月，頁 0023 下～0024 上。

〔註47〕吳汝鈞著，《游戲三昧：禪的實踐與終極關懷》初版　臺北市：臺灣學生，民82，頁第 164。

〔註48〕吳汝鈞著，《游戲三昧：禪的實踐與終極關懷》初版，臺北市：臺灣學生，民82，頁 164。

把修禪融於日常的行住坐臥之中，並對「禪定」作了新的解釋。他說。

《壇經・坐禪品》云：

　　善知識！何名坐禪？此法門中，無障無礙，外於一切善惡境界心念
　　不起，名爲坐；內見自性不動，名爲禪。善知識！何名禪定？外離
　　相爲禪，內不亂爲定。外若著相，內心即亂。外若離相，心即不亂。
　　本性自淨自定，只爲見境思境即亂。若見諸境心不亂者，是眞定也。

　　善知識！外離相即禪，內不亂即定。外禪內定，是爲禪定。〔註49〕

這就是說，只要於境界上不起念，自性自定，就是禪定了。如果執著於「坐
禪」追求入定，那是障自本性，與道違背，是障道因緣。根據這種思想，慧
能多次駁斥了神秀北宗「住心觀靜，常坐不臥。」〔註50〕慧能要「念念自淨
其心」〔註51〕「於念念中，自見本性清淨。」〔註52〕如此修行，才能見性成
佛。當智誠、神秀常教人「住心觀靜，常坐不臥。」時，慧能說：

《壇經・頓漸品》云：

　　住心觀淨，是病非禪。常坐拘身，於理何益？聽吾偈曰：「生來坐不
　　臥，死去臥不坐。一具臭骨頭，何爲立功課？」〔註53〕

慧能認爲常坐觀心是病態的行爲，只有體悟自性，才能無滯無礙，獲得心靈
眞正的解脫。自性的修煉如執著於有形的肉體，是無法自悟。長年打坐，身
體受到拘束，對於體悟佛法有甚麼好處？慧能認爲悟在自心不起妄念執著，
而不在於坐臥的形式。如果於行住坐臥之中能念念無著，那就等於時時入定。
這樣就把禪定與日常生活完全結合在一起，禪與生活融而爲一了，於一切時
中的起心動念都能體悟自性眞如，是最佳的養生之道。

〔註49〕 元・宗寶，《六祖大師法寶壇經》，《卍正藏》59冊，台北：新文豐出版社，民
　　　　69年4月，頁0014下～0015上。
〔註50〕 元・宗寶，《六祖大師法寶壇經》，《卍正藏》59冊，台北：新文豐出版社，民
　　　　69年4月，頁0023上。
〔註51〕 元・宗寶，《六祖大師法寶壇經》，《卍正藏》59冊，台北：新文豐出版社，民
　　　　69年4月，頁0015上。
〔註52〕 元・宗寶，《六祖大師法寶壇經》，《卍正藏》59冊，台北：新文豐出版社，民
　　　　69年4月，頁0015上。
〔註53〕 元・宗寶，《六祖大師法寶壇經》，《卍正藏》59冊，台北：新文豐出版社，民
　　　　69年4月，頁0023上。

第五章　兼與中國傳統儒道兩家養生觀之比較

第一節　《六祖壇經》禪學思想的養生觀與儒家之比較

中國的養生文化，在漫長的歷史發展中，中國古代勞動人民經過一代又一代的努力不懈，終於以自己的聰明睿智創造出一系列與疾病和衰老抗衡的獨特理論和方法，逐漸使養生成了一種極具華夏民族特色的文化現象。在這條源遠流長的文化長河中，我們不僅可以領略到許多古代養生人物的風采，而且還爲博大精深的民族文化又煥發著勃勃生機而感到無限自豪。在古代先秦諸子百家學說中，影響最大莫過於儒、道兩家。

一、儒家的養生思想

儒家的思想是中國文化的主流，他們重視生命的實踐，有積極的人生觀，從而實現人生的價值與社會的抱負。儒家的養生文化對中國古代養生學有不可忽略的影響。如《莊子》的〈養生主〉篇、《易經》的頤卦、《詩經》、《春秋》等儒家經典中，皆有涉及養生內容。孔孟之道爲基礎發展起來的儒家是以「仁愛」爲核心，中庸以修身、齊家、治國、平天下爲己任，其仁愛思想也包括了孝悌、寬、信、敏、慧、儉、恭、謙、溫、剛、毅、勇等道德行爲規範，從而將追求至善至美的道德作爲自己的最高目標，把人的自我完善放到最重要的位置。孝悌是中國文化的精神，是人格培養的重要思想，有健全的人格發展就有健康的身體。《壇經・疑問品》云：「恩則孝養父母，義者上

下相憐。」〔註1〕心常懷感恩孝養父母的，遵循仁義上下相憐恤。慧能大師也很重視孝悌。

孔子不但博學多才，精通六藝，而且也善於養生之道。從《論語・鄉黨》篇中可以看出，孔子對於飲食起居方面的規矩很多。《論語》所謂的「仁愛」，是要求做到「忠恕」，待人以寬，賜人以惠；對己則應「罕言利」，節儉而謙恭有禮。孔子對顏回的「一簞食，一瓢飲，在陋巷，人不堪其憂，回亦不改其樂。」大加褒獎、讚嘆。自己也是「飯疏食飲水，曲肱而枕之，樂亦在其中也。不義而富且貴，於我如浮雲。」這種思想品行的修養，從養生的角度來看，也是致壽之道。所謂

「仁者不憂」、「君子坦蕩蕩」以及「仁者壽」等，仁者，是有德之人，因此，有德之人，必也長壽。《中庸》云：「故大德……必得其壽」。孔子將壽與仁、德相互結合，「仁者壽」、「德者壽」是先秦儒家最典型的養生思想。儒家十分重視禮節，其中社即日常生活起居、婚喪嫁娶的一些制度，同養生有直接的關係。如在生活起居，尤其飲食節生方面，《論語》談到了「魚餒而肉不食，色變不食，臭變不食，失飪不食，不時不食，割不正不食，不得其醬不食。肉雖多，不使勝食氣。為酒無量，不及亂。沽酒是脯不食。」「食不語」等等；在睡眠方面，主張「寢不言」以及「寢不尸，居不客」等等。這些認識均符合防病的衛生要求。此外，《論語》還記載了孔子對藥性不明的藥物不輕易用，足以見其對養生的審慎態度。

二、《六祖壇經》禪學思想的養生觀與儒家之比較

《論語・鄉黨》篇記載，孔子有十不吃：

> 食不厭精，膾不厭油。食饐而餲，魚餒而肉敗，不食。色惡，不食。臭惡，不食。失飪，不食。不時，不食。割不正，不食。不得其醬，不食。肉雖多，不使勝食氣。惟酒無量，不及亂。沽酒市脯不食。不撤薑食，不多食。祭於公，不宿肉。祭肉不出三日，出三日，不食之矣。食不語，寢不言。雖蔬食菜羹瓜祭，必齊如也。

孔子非常注意飲食養生，不但不吃腐敗變質的魚肉，對於霉爛的糧食和不新鮮的食物，或烹調不當的食物也不吃。明人張岱在《老饕集序》說：「中古之世，知味惟孔子。『食不厭精，膾不厭細』，『精、細』二字，已得飲食之微，

〔註1〕 元・宗寶，《六祖大師法寶壇經》，《卍正藏》59 冊，台北：新文豐出版社，民69 年 4 月，頁 0013 上。

至熟食則概之『失飪不食』，蔬實則概之『不時、不食』。四言者，食經也，亦即養生論也。」〔註2〕

　　孔子說：「肉雖多，不使勝食氣。」錢穆先生在《論語新解》中說：「食肉多於飯氣，則傷人。古食禮，牛羊豕腸胃之肉皆盛於俎，醢醢之醬調味者盛於豆，正饌之外又設加饌，肉品特多，黍稷稻粱則設於簋，進食不宜偏勝也。」〔註3〕孔子認爲吃肉的量多於五穀則傷人，市場上賣的肉乾不知道是甚麼肉做的也不食，唯恐食物不潔而傷身。由此可見孔子在食養生方面的慎重。《壇經・定慧品》云：「善知識！一行三昧者，於一切行、住、坐、臥，常行一直心是也。」〔註4〕慧能在日常的修行上強調專注一事，行、住、坐、臥都要按照自己眞實自然的本心去行事。若能如此亦不受外界的影響，守住本心是最佳的養生觀。孔子另外還提出「君子有三戒」。

　　《論語・季氏》篇：

> 君子有三戒，少之時，血氣未定，戒之在色；及其壯也，血氣方剛，
> 戒之在鬥；及其老也，血氣既衰，戒之在得。

這就明白表示，孔子已經注意到從少年、壯年、老年三階段的不同身心之變化。提出相應的養生之道。在三種不同的階段好色、好鬥、貪得，必須要收斂與約束。少年要避免縱情於聲色，壯年要避免動氣鬥狠，老年血氣已衰，要淡然於物外的得與失。由此可知，孔子已經注到人們應該如何保養「血氣」的養生之道。《壇經・頓漸品》：「學道之人，一切善念惡念，應當盡除。」〔註5〕慧能要我們的念頭要對世俗的一切善惡之念，應當全部清除乾淨。心不起善惡之念，心自然會平靜，心自然平靜是慧能的養生觀。

　　孔子又提到有德之仁者。

　　《論語・季氏》篇：

> 知者樂山，仁者樂水；知者動，仁者靜；知者樂，仁者壽。

朱子注曰：

> 樂，喜好也；知者，達於事理而周流無滯，有似於水，故樂水；仁

〔註2〕參見明・張岱，《琅環文集》，雲告點校，長沙：岳麓書社，1985年第一版。
〔註3〕參見錢穆，《論語新解》，上，三民書局，67年10月，第四版，頁345。
〔註4〕元・宗寶，《六祖大師法寶壇經》，《卍正藏》59冊，台北：新文豐出版社，民69年4月，頁0013下。
〔註5〕元・宗寶，《六祖大師法寶壇經》，《卍正藏》59冊，台北：新文豐出版社，民69年4月，頁0013下。

者，安於義理而厚重不遷，有似於山，故樂山。動靜以體言，樂壽以孝言也。動不括故樂靜而有常故壽。〔註6〕

程子云：

非體仁智之深者，不能如此形容之。〔註7〕

《孔子家語‧五儀解》〔註8〕云：

哀公問於孔子曰：「智者壽乎？仁者壽乎？」孔子曰：「然。人有三死而非其命也，自己取也。夫寢處不時，飲食不節，逸勞過度，疾共殺之；居下位而上干其君，嗜欲無厭而求不止者，形共殺之；以少犯眾，以弱侮強，忿怒不息，動不量力，兵共殺之。此三者，死於非命也，人自取之。若夫智士仁人，將身有節，動靜以義，喜怒以時，無害其性，雖得壽焉，不亦宜乎。」

其中反孔子「仁者壽」、「智者壽」的觀點，孔子將壽與仁、德相結合，是儒家養生思想具體的表達。〔註9〕後來孟子更將道德修養、精神情志的調合與養生之關係予於道德化，進一步闡述道德修養對養生的重要。

孟子他在養生方面也有自己獨特的見解。《孟子‧公孫丑上》說：「夫志，氣之帥也；氣，體之充也。」〔註10〕可見孟子不但已經認識到「氣」在人體生命活動中所起的重要作用，而且意識到人的精神意識才是「氣」的統帥，能夠主宰「氣」的活動，從而頗富創見地提出，一個人要想做到身心健康，那就只有「善養吾浩然之氣」。至於如何才能養「氣」，孟子也提出了兩點帶有鮮明儒家色彩的獨到方法：其一是「配義與道，無是，餒也。」也就是說一切都要從儒家的所謂道義出發，理直氣壯，從而使個體保持一種旺盛的精神狀況；其二是「行有不慊於心，則餒矣！」意思是說養「氣」必須培養良好的心理狀態，心地要光明坦蕩，不能邪念存心。這點恰如清代名學者戴震所稱：「凡人行事，有當于理義，其心必暢然自得，悖于理義，心氣必沮喪自失。」（《孟子字義疏證上‧理》）總之，孟子的養生思想具有一種強烈的道德

〔註6〕見朱熹，《四書集注》，世界書局，79 年 8 月 31 版，頁 38。
〔註7〕見朱熹，《四書集注》，世界書局，79 年 8 月 31 版，頁 38。
〔註8〕《孔子家語一》書原本早佚，現存本是魏‧王肅收集整理而成。全書十卷，記載孔子各種言論，其中反應了孔子「仁者壽」、「智者壽」的觀點。
〔註9〕見《中國傳統養生學精粹》陳可冀‧周文泉主編，臺灣初版，臺北市：台灣商務，1991【民80】，頁 46。
〔註10〕見《孟子‧公孫丑上》篇。《四書集注》上孟卷二，世界書局 78 年 8 月 31 版，頁 38。

色彩，堪稱後世強調通過陶冶道德情操以養生的鼻祖。

《孟子‧公孫丑上》

> 敢問何謂浩然之氣？曰：「難言也。其為氣也，至大至剛，以直養而
> 無害，則塞於天地之間。其為氣也，配義與道；無是，餒也。是集
> 義所生也，非義襲而取之也。行有不慊於心，則餒矣。」

孟子認為唯有生命的正直、合理、合道，才能孕育出至大至剛的浩然正氣，
若無義與道，則浩然之氣便頓時萎縮不振。只是無論正直、義或道，它們都
是發自內心的，而不是向外追求某種標準以達到的，是「由仁義行，非行仁
義」。由仁義行乃是由內心自發的仁義而行，而行仁義則是心依著心外的仁義
規則而行。

由此可知孟子的「浩然之氣」乃是道德精神的最高表現。《壇經‧般若品》
云：「故知萬法盡在自心，何不從自心中，頓見真如本性？《菩薩戒經》云：
我本源自性清淨。若識自心見性，皆成佛道。《淨名經》云：及時豁然，還得
本心。」〔註11〕未能認為一切萬法因人而立，一切佛性皆在自性之中，故不
悟佛則是眾生，頓悟則眾生則是佛。可知萬物一切現象，都在自己的心之中。
既然如此，人們何不從自心之中，頓悟真如佛性呢？《梵網經》說：人的自
性本源是清淨的。若能見到心中的自性本源，就能成就佛道。

第二節　《六祖壇經》禪學思想的養生觀與道家之比較

一、道家的養生思想

在先秦諸子學說中，養生思想最豐富的，對後世影響最大當首推老子與
莊子為代表的道家學派。老子將人與道、天、地並列，認為是「城中四大」
之一，充分體現於人的重視。莊子雖有「齊生死」的主張，也並不意味著輕
生賤體。但是，與儒家重視人的社會價值相比，道家對人的重視，卻是把生
命本身的價值置於首位，道家追求生命本質的解脫與精神的安寧，尤其強調
精神的超然與人格的獨立。道家所追求的不僅是長壽不死，而且是白日飛升，
羽化成仙。在執迷得追求下，道家推出了眾多的修練方法和思想行為準則。
用於不死，固然徒勞，而借以養生，則頗有裨益。事實上道家有不少修練方

〔註11〕元‧宗寶，《六祖大師法寶壇經》，《卍正藏》59 冊，台北：新文豐出版社，民
　　　　69 年 4 月，頁 0009 下。

法，一直起於延年益壽的作用，對養生有深遠的影響。如道家所謂「道法自然」，就是追求身心內外的和諧統一，因此只有取法自然，返璞歸眞，如同爲出世的嬰兒一樣，才能根砥堅固而得道。所謂「德者，道之舍」，即根據道的規範以塑造理想人格的修行，故有道必有德。從道德出發進行修練，必然要求清淨、無爲、少私慾。《老子》云：「戴營魂抱一」，運用靜坐法以求神氣渾然如一。

二、《六祖壇經》禪學思想的養生觀與儒家之比較

老子，春秋末期著名的思想家、道家學派的創始人，同時也是一個著名的養生理論家和實踐者《史記‧老子韓非列傳》稱「蓋老子百有六十餘歲……以其修道而養壽也。」老子之所以能夠活到一百六十餘歲，這首先得力於他本人主觀上十分重視「長生久視之道」，甚至把養生治身置于治國平天下之上。《老子》認爲養生的關鍵在於保守精氣。《老子‧第五十五章》云：「赤子骨弱筋柔而握固，未知牝牡之合而全作，精之至也。」〔註 12〕嬰兒的筋骨柔弱，但小手卻握拳牢固，因其無欲無求，故能使他的「精」達到至純的境界。老子一方面是「修道而養壽」的身體力行者，另一方面又在長期的養生實踐中摸索出了一整套帶有道家色彩的養生理論和養生方法。

《老子‧第十章》云：

> 戴營魄抱一，能無離乎？專氣致柔，能嬰兒乎？滌除玄覽，能無疵乎？天門開闔，能爲雌乎？明白四達，能無知乎？生之畜之，生而不有，爲而不恃，長而不宰，是謂玄德。〔註 13〕

是涉及到氣功養生的具體方法和步驟。其中「戴營魄抱一，能無離乎？」是指精神專注，排除雜念，使精神與身體合一而不分離；「專氣致柔，能嬰兒乎？」是強調煉功過程中精氣運轉，全身放鬆，像初生的嬰兒一樣柔軟自然；至于「滌除玄覽，能無疵乎？」則是指「常人於閉目靜坐後，腦中即現種種日常聲色之現象。老子名此現象爲「玄覽」。行導引者，應使此種現象完全驅之腦中之外，務令吾心海闊天空，不著一物，然後運氣乃能一無阻礙。「滌除玄覽，能無疵乎？」謂滌除種種忘見現象，務至一塵不染，一物不留也。《老子》的「專氣致柔」，《河上公章句》解釋爲「專守精氣，使不亂；則形體能應之柔順。」老子強調保守精氣的方法爲「嗇」。

〔註 12〕 清‧宋常星註解《道德經講義》，台北：東大，2007 年二版二刷，頁 245～246。
〔註 13〕 清‧宋常星註解，《道德經講義》，台北：東大，2007 年二版二刷，頁 33～36。

《老子》第五十九章云：「治人，事天，莫若嗇，是以早服；早服謂之重積德；重積德則無不克；無不克則莫知其極，莫知其極，可以有國；有國之母，可以長久。是謂深根固柢，長生久視之道。」〔註14〕老子言養生要堅持節儉的原則。《河上公章句》注曰：「治國者當愛民財，不爲奢泰；治身者當愛精氣，不放逸。」如慧能所講：《壇經・坐禪品》：「外於一切善惡境界心念不起，名爲作；內見自性不動，名爲禪。」〔註15〕自性是坦蕩無礙的，若對外的一切善惡境界，都不起心動念去攀附，就名爲坐；向內見到自身佛性如如不動，就名爲禪。老子又提到聚集精氣的方法。

《老子》第六章曰：

> 谷神不死，是謂玄牝。玄牝之門，是謂天地根。緜緜若存，用之不
>
> 勤。〔註16〕

虛谷的神用是生生不已叫玄牝。玄牝的生化之門，是天地始生萬物的根本。這種沖虛是玄牝生化的妙用，是微妙而不絕的。它是有其用，而無其形。若運用它的這種作用，是不會竭精勞神的。

《老子・三十九章》云

> 昔得一者，天得一以清，地得一以寧，神得一以靈，谷得一以盈，
>
> 萬物得一以生，侯王得一以爲天下貞。〔註17〕

「一」是萬物的根本，「天」得一才能表現它的清明；「地」得一才能顯現它的安寧；「神」能得一才能發揮它的靈性；「谷」得一才能滿盈它的生機；「萬物」得一才能維護它的發展；「侯王」能得一才能爲萬民楷模。「一」是萬化的根本，在養生上如何守「一」呢？

《老子・十六章》云：

> 致虛極、守靜篤、萬物並作，吾以觀復。夫物芸芸各復歸其根。歸
>
> 根曰靜，是謂復命。復命曰常。知常曰明，不知常，妄作凶，知常
>
> 容，容乃公，公乃全，全乃天，天乃道，道乃久，沒身不殆。〔註18〕

〔註14〕清・宋常星註解，《道德經講義》台北：東大，2007年二版二刷，頁263～266。
〔註15〕元・宗寶，《六祖大師法寶壇經》，《卍正藏》59冊，台北：新文豐出版社，民69年4月，頁0014下。
〔註16〕清・宋常星註解，《道德經講義》，台北：東大，2007年二版二刷，頁23～24。
〔註17〕清・宋常星註解，《道德經講義》，台北：東大，2007年二版二刷，頁165～169。
〔註18〕清　宋常星註解，《道德經講義》，台北：東大，2007年二版二刷，頁59～62。

「致虛」和「守靜」是修心養性的功夫，由虛而達純一的境界。「虛」不是甚麼都沒有，而是「虛」掉了一切對物質的「有」、觀念的「有」的執著，而使這個「有」變得純然無雜，這就是「一」。所以就修心來說「致虛極」，就是由虛而達到精神統一的境界。「靜」是無欲的意思，是要心歸於靜。「靜」不是死寂，不是一點念頭都沒有，而是沒有私欲。沒有思欲，則此心歸於純樸。這個「篤」是「篤實」、真誠，也是精神純一的境界。修心養性，由虛而達純一的境界，由靜而達真篤的地步，此為老子養生觀之一。

老子養生觀中非常注重心靈的修煉與道德的自我約束，各種官能的欲求之克制亦是養生重要課題。老子認為縱情於聲色犬馬，會損害人的自然本性，《老子·十二章》云：

五色令人目盲；五音令人耳聾；五味令人口爽；馳騁畋獵，令人心發狂；難得之貨，令人行妨。是以聖人為腹不為目，故去彼取此。〔註19〕

老子要我們不要過份的追求外在官能的刺激，摒除物欲的誘惑，斷除向外的追求，而返歸內心的恬靜。對七情六欲能加以克制，則可以養生。慧能則認為：《壇經·定慧品》云：「真如自性起念，非眼、耳、鼻、舌能念。真如有性，所以起念。真如若無，眼、耳、色、聲當時即壞。善知識！真如自性起念，六根雖有見聞覺知，不染萬淨，而真性常自在。」〔註20〕慧能則認為從自我真如自性起正念，清除一切邪見與妄想，超離世俗境界，使真性常得自在。不被外在眾多名相所沾染，真如佛性自然常在。，是其養生觀。《老子·十九章》云：「見素抱樸，少私寡欲。」〔註21〕

《老子·二十九章》云：「是以聖人去甚、去奢、去泰。」〔註22〕老子主張人當抱素守真，不尚文飾，人無私欲，自當知足，除去貪淫聲色，除去追逐服飾飲食之精美，及追求宮室臺榭廣居之心，心中常處中和，行無為，則天下自化。若否，則嗜欲傷神，財多累神，富貴憐賤，反而驕恣，禍亂不能避。貪淫好色，則傷精明，五音亂耳，則和氣去心；人嗜五味於口，則口亡、失於道味；人的精神好靜，馳騁競逐於獵物，精神散亡，必使人心狂亂。而

〔註19〕清 宋常星註解，《道德經講義》，台北：東大，2007年二版二刷，頁41～43。
〔註20〕元·宗寶，《六祖大師法寶壇經》，《卍正藏》59冊，台北：新文豐出版社，民69年4月，頁0014下。
〔註21〕清 宋常星註解，《道德經講義》，台北：東大，2007年二版二刷，頁72。
〔註22〕清 宋常星註解，《道德經講義》，台北：東大，2007年二版二刷，頁121。

金銀珠玉，心生貪欲，不知厭足，則行傷身辱，因此聖人守五性、去六情、節志氣、養神明，目不妄視，妄視則洩精於外，去彼目之妄視，取此腹之養性。〔註23〕《老子・四十四章》云：「知足不辱，知止不怠。」〔註24〕《老子・三十三章》云：「自勝者強，知足者富。」〔註25〕老子要我們從七情六欲，克制欲望的追求，少私寡欲、知足常樂，解脫煩惱，能自我克制之人才是強者，方是養生之道。老子的無欲無求是要我們做到無所爲而爲的凝神專注，要排除欲望，擺脫現實世界的功利觀念，除去與自身利益相關的好惡，以不帶目的、無所求的關懷他人之體驗，方是養生之道。

《老子・第三章》云：

> 不尚賢，使民不爭；不貴難得之貨，使民不爲盜；不可欲，使心不亂，是以聖人之治，虛其心、實其腹、弱其志、強其骨，常使民無知無欲，使夫知者不敢爲也，爲無爲則無不爲治。〔註26〕

《河上公章句》云：「賢謂世俗之賢，辯口明文，離道行權，去質爲文也。不尚者貴之以祿，不貴之以官。不爭功名，返自然也。人君不御好寶，黃金棄於泰山，珠玉捐於淵。上化清淨，下無貪人。放鄭聲、遠美人，不邪淫、不惑亂，聖人治國與治身同也，除嗜欲、去亂煩，懷道抱一，守五神也，和柔謙讓，不處權也，愛精重施，髓滿骨堅，反樸守淳，思慮深，不輕言，不造作，動因循，德化厚，百姓安。」〔註27〕老子重視無欲無知的心境，成爲治理國民百姓的理想是人人都能拋開貪欲、奢求、智巧、詐爲，向內心自我修持，避免外在的物欲追求，保持人本質的素樸，如此才是養生之道。故《老子》的養生之道，是依「道」養生，使生命臻致嬰兒般柔無戕，以斥子淳厚之德維修養之境；以謙退無欲修養自我，善於不爭，遠離智巧，雖笨拙無才似愚，然微妙深識，虛靜無爲，故能無爲而無不爲。

莊子，是戰國中期道家學說的集大成者。與老子相比，莊子的養生思想和養生方法更爲具體、深邃。他不但直接繼承了老子「歸眞返樸」、「清靜無爲」的養生理論，而且編制了一整套導引、吐納的養生方法。

〔註23〕見《老子河上公注斠理》，鄭成海著，臺灣中華書局，60 年 5 月初版，頁 19。
〔註24〕清 宋常星註解，《道德經講義》，台北：東大，2007 年二版二刷，頁 194。
〔註25〕清 宋常星註解，《道德經講義》，台北：東大，2007 年二版二刷，頁 136〜139。
〔註26〕清 宋常星註解，《道德經講義》，台北：東大，2007 年二版二刷，頁 11〜13。
〔註27〕見《老子河上公注斠理》，鄭成海著，臺灣中華書局，60 年 5 月初版，頁 19〜25。

《莊子・刻意》說：

> 吹呴呼吸，吐故納新，熊經鳥申，爲壽而已矣，此道引之土，養形
> 之人，彭祖壽考者之所好也。〔註28〕

這在先秦諸子中堪稱是最早對氣功導引方法的一種具體而形象的描繪。其中涉及到兩個方面的養生內容，一是充份認識到了吸納新鮮空氣，吐出廢濁之氣有助于維持正常的生命活動；二是倡導運動軀體，以便加強機體內部的新陳代謝，促進體能的健康發展。〔註29〕莊子的「導引行氣」，可分爲外息、內息。外息就是吐故納新，內息是指胎息，閉住口鼻，讓口鼻儘量不要呼吸外界的空氣，使本身體內之氣進行循環。在《抱朴子・內篇、微旨》提到導引法曰：「知屈伸之法者，則曰唯導引可以難老矣。」《抱朴子・內篇、微旨》云：「夫人在氣中，氣在人中，自天地至於萬物，無不需氣以一者也。善行者，以內養身，外以除惡，然百姓日用而不知矣。」由此可見「氣」對養生的重要。莊子養生觀最大的特色是「心齋」、「坐望」二法。

《莊子・人間世》說：

> 若一志，無聽之以耳而聽之以心，無聽之以心而聽之以氣！耳止於
> 聽，心止於符。氣也者，虛而待物者也。唯道集虛。虛者，心齋也。
>
> 〔註30〕

所謂「一志」是說排除雜念，精神專一；無聽之以耳而聽之以心，是指氣功緞鍊中的「以意領氣」；而無聽之以心而聽之以氣，則是指以意領氣之初，煉功者在思想上還注重氣的出入，隨著功夫的深入，心意漸漸與氣融爲一體，進入一種氣、我兩忘；任氣自然出入的境界； 隨後，耳朵對外界開始聽而不聞，心志對外界靜而不思，這就是所謂的「耳止于聽，心止于符」；最後心境達到空明虛靈的境界時，也就實現了「心齋」。「坐忘」的概念在

《莊子・大宗師》云：

> 墮肢體，黜聰明，離形去知，同于大通，此謂坐忘。〔註31〕

〔註28〕唐・成玄英，《南華眞經注疏》卷第六下冊，台北：藝文印書館，1972年，頁313。

〔註29〕劉松來，《養生與中國文化》，江西高校出版社，1995年5月第一版第2次印刷，頁12。

〔註30〕唐・成玄英，《南華眞經注疏》卷第二上冊，台北：藝文印書館，1972年，頁82。

〔註31〕唐・成玄英，《南華眞經注疏》卷第三上冊，台北：藝文印書館，1972年，頁163。

莊子這段話的本意是主張個體應該遺忘自己的肢體、退除聰明、離棄外形、去掉內智，以便與大道混通為一。但在客觀上卻生動地描繪出了靜功修煉中的最高境界，即無知無識、一切全無、渾渾噩噩之境。宋代著名的名理學家程頤早已看到了「坐忘」與氣功養生之間的內在關係，《宋元學案·豫章學案》說：「習忘可以養生者，以其不留情出。」〔註32〕莊子認為「知」是養生之大礙，如何消解吾人對「知」的迷惘，打破個人固有的認知，

《莊子·養生主》云：

> 吾生也有涯，而知也無涯；以有涯隨無涯，殆矣！以而為知者，殆而已矣。為善無近名、為惡無近刑，緣督以為經，可以保身，可以全性，可以養親，可以盡年。〔註33〕

莊子認為吾人生命是有限而知識無限，吾人常以有限的生命去追求無限的知識，要我們擺脫世俗狹隘的認知（小知），而達真理恆常普遍的（大知），以達養生。

《莊子·雜篇·天下》云：

> 「《易》以道陰陽。」說明易學是以陰陽二氣為核心，陰陽二氣盈虛消長而產生各種事物的變化。《莊子·雜篇·知北遊》云：「人之生，氣之聚也，聚則為生，散則為死。」〔註34〕

人體的整體聯繫都是氣的運作，人體之氣為人體形存在的根基，是所有生命活動的源泉。在精神修煉方面，主張以靜養神，對人體三寶之精、氣、神的修煉方法。

《莊子·在宥》云：

> 無視無聽，抱神以靜，形將自正。必靜必清，無勞汝形，無搖汝精，乃可以長生。目無所見，耳無所聞，心無所知，汝神將守形，形乃長生。慎汝內，閉汝外，多知為敗。我為汝遂於大明之上矣，至彼至陽之原也；為汝入於窈冥之門矣至彼至陰之原也。天地有官，陰陽有藏，慎守汝身，物將自壯。我守其一以處其和，故我修身千二

〔註32〕引自劉松來，《養生與中國文化》，江西高校出版社，1995 年 5 月第一版第 2 次印刷，頁 14。

〔註33〕唐·成玄英，《南華真經注疏》卷第二上冊，台北：藝文印書館，1972 年，頁 66～67。

〔註34〕唐·成玄英，《南華真經注疏》卷第十冊，台北：藝文印書館，1972 年，頁 605。

百歲矣，吾形未嘗衰。〔註35〕

廣成子向黃帝如何是養生之道，不視不聽，守持精神而靜寂，則形體將自然靜止。必須靜寂，必須清心，不使你的形體勞頓，不要動搖你的精神，如此就可以長生。耳無所聞，心無所知，你的精神將守持形體，形體於是可以長生。使你的內心安靜，封閉對外界的感知，多所知則有害。我使你達到最明徹之境界之上，到達陽氣至盛之本源；使你進入最幽深渺茫之域，到達那陰氣至盛之本源。天地有掌管者，陰陽之氣有所藏，謹慎守持你的身體，外物將自然興盛。我守持其道，以寧靜自處，因此我有修身一千二百歲了，我的形體未嘗衰敗。

《莊子·達生》云：

> 達生之情者，不務生之所無以爲；達命之情者，不務知之所無奈何。養形必先之以物，物有餘而形不養者有知矣。有生必先無離形，形不離而生亡者有之矣。生之來不能卻，其去不能止。悲夫！世之人以爲養形足以存生，而養形果不足以存生，則世奚足爲哉！雖不足爲而不可爲者，其爲不免矣。〔註36〕

莊子闡述養生之道非世俗的養形保生，而是在持其本性，故當棄世俗之見而使內心平靜，如此精神不虧損，順應造化而與自然爲一。《莊子·達生》云：「夫欲免爲形者莫如棄世。棄世則無累，無累則正平，正平則與彼更生，更生則幾矣。事奚足棄而生奚足遺？棄事則形不勞，遺生則精不虧。夫形全精復，與天爲一。」〔註37〕

莊子認爲世人養生，皆注重保養形體以求保全生命，實際上卻事與願違。養生當持其本性，使內心虛靜淡泊，不爲外物所擾，排除心志，忘卻是非，忘卻自我，隨順自然，融身於道，使生命穫得新生而入於逍遙之境，方是最佳的養生之道。

慧能認爲《壇經·懺悔品》云：「善知識！心中眾生，所謂邪迷心、誑妄心、不善心、忌妒心、惡毒心，如是等心，盡是眾生，各須自性自度，是明

〔註35〕唐·成玄英，《南華眞經注疏》卷第四冊，台北：藝文印書館，1972 年，頁219～220。

〔註36〕唐·成玄英，《南華眞經注疏》卷第七冊，台北：藝文印書館，1972 年，頁367～368。

〔註37〕唐·成玄英，《南華眞經注疏》卷第七冊，台北：藝文印書館，1972 年，頁369～370。

眞度。」〔註38〕慧能認爲心中的邪迷心、誑妄心、不善心、忌妒心、惡毒心，如是等心盡除，即能獲得心靈的自在解脫，是最佳的養生觀。

第三節　評　述

　　先秦儒、道二家言養生，以養心進而養德，其養生思想爲德性生命的圓滿，以求得身心形爲安頓的方法，是從內在血氣的整治與內心德性的顯發結合入手，導血氣可以導致精神的覺醒，長養道德以及健康長壽。然導血氣其功能不僅僅只限定在鍛鍊身體而已，只求得長壽健康而已，更重要的是導血氣可以養心、養德。

　　從整個中國傳統思想文化的發展來看，《六祖壇經》的地位與影響都是相當重要的。他建構了比較完整的儒、釋、道三教合一的思想體系，慧能在堅持佛教基本立場、觀點和方法的同時，大量融入了傳統的思想和方法，特別是老莊玄學的自然主義與人生態度以及儒家的心性學說，從而形成了他獨特的禪學理論和修行方法。慧能通過格心而引導中國佛教從觀住佛理發展爲重在當下的修行，並把修行歸結爲修心，通過心悟去把握佛陀的精神，突出人的自心自性，主張人人有佛性，息除妄念以回歸清淨的本性，即能覺悟成佛，實現解脫。慧能的禪學思想是「即心即佛」，適應了不同人的精神需要而得到人們的普遍信仰，在唐中期以後日趨繁興。慧能以獨特的思想與方法和特殊的力量與熱情撞擊著中國人的心靈。慧能禪學思想以「不立文字」相標榜，強調「以心傳心」「見性成佛」，在當下實現之中證悟宇宙人生的眞諦和自家生命的底蘊。

　　慧能主張出世不離入世的人生觀，從總體看來並不像儒家那樣強調從人倫關係中來實現自我，而是從「一切皆空」、「萬法唯心」的基本觀點出發，突出自我，強調每個人實現社會中識心見性、無執無著，便可與佛同等。但慧能把一切善惡之法歸於妄心動念的產物，這並不表示慧能的思想眞能超世脫俗，迴避社會的現實，放棄善惡觀念和是非標準，相反，在傳統文化氛圍中形成發展的慧能禪學思想，在「方便法門」的旗號下實際上是融合了儒家的倫理道德的，其提倡的「隨緣而行」本身就是融入了世間法。

〔註38〕元・宗寶，《六祖大師法寶壇經》，《卍正藏》59 冊，台北：新文豐出版社，民69 年 4 月，頁 0015 下。

　　慧能禪學思想的「法自世間，不離世間覺。」和「即心即佛」、「頓悟成佛」，在把佛法拉向世間法、把佛拉向人的同時，也根據「隨其心淨，則佛土淨。」的理論而把西方佛國淨土拉向人間。只要自淨其心，自身便是與佛無二。慧能又倡導「自性頓悟」、「自在解脫」融入了中國傳統文化中，因而，《六祖壇經》的禪學思想對中國養生文化有著深刻的影響。

第六章 結 論

第一節 《六祖壇經》生死哲學及其養生觀的時代意義

在中國佛教史上曾發四次毀佛事件，史稱「三武一宗毀佛事件」，其中對佛教打擊最大的是唐武宗的毀佛。唐武宗首先在會昌二年（西元842）下令不許置童子沙彌，也不許僧人行燒煉、禁咒等術；會昌三年，下令焚毀長生殿的佛經佛相，七月又下令拆除天下的山房、蘭若等造寺廟，在這些寺廟修行的僧尼盡敕還俗，剝去佛像上的黃金、將銅鐵佛像盡行打碎，送教鹽鐵司收管，又再下令收聚還俗的僧尼緇衣盡行焚燒，沒收天下寺舍的珍寶以及僧尼所用的銅器等物品。在短短幾年內，唐朝佛教受到最嚴酷的禁毀，曾在唐朝盛極一時的佛教各宗從此走下坡。〔註1〕然而慧能的南宗禪卻不受影響，卻成為佛教的主流，《壇經》的價值錢穆在〈六祖壇經大義〉中說：「在中國學術思想史上有兩大偉人，對中國文化有其極大之影響，一為唐代禪宗六祖慧能，一為南宋儒家朱熹。……慧能實際上可說是唐代禪宗的開山祖師，朱子則是宋代理學之集大成者。一儒一釋開出以下中國學術思想種種門路，亦可謂此後中國學術思想莫不由此兩人導源。」〔註2〕錢穆在西元1978年在香港中文

〔註1〕 見陳明聖敦博本，《六祖壇經》的禪學思想的研究的論文，94年7月，頁101。
　　　　除了唐武宗（840～846在位）毀佛外，尚有北魏太武帝（423～451在位）、
　　　　北周武帝（560～578在位）與後周世宗（954～959在位）的滅佛，史稱「三
　　　　武一宗」。

〔註2〕 參見錢穆，〈六祖壇經大義〉、《六祖壇經研究論集》、大乘文化基金會，1980
　　　　年10月出初版，頁183～184。

大學業書院所設立的「錢賓四先生學術文化講座」中曾提出七本書是人人必讀的經典，《壇經》即是其中之一。《壇經》是至今唯一非佛說的「經」，可見《六祖壇經》在吾人心目中的地位。慧能大師是一位不識字的大師，他強調頓悟，提出見性成佛，使得禪宗的修行更加的貼近人民的日常生活，人們不需在寺修行，也不需修種種苦行，只要能見自性，隨時隨地皆能修行。

　　早在西元前 400 到 300 年，中國有不少安靜學派。其中道教是當時中國的本土宗。它的道就是整個動態宇宙中基本、不變且不動的原則，強調簡單的生活，並與大自然合一（天人合一）。佛教的中國化亦受道教的影響，禪最初幾位祖師的時代，用公案參禪、棒喝作為修行的方法。

　　禪修對現代人對心靈的安定有其重要的意義，禪是直接感受事物的真實開始，然後再毫無差錯的進入啟發行為的一個過程，禪是親身體驗的經驗，不是抽象的原則。它是佛教的一種特殊形式，融合教條與修行。有下列幾項原則，對我們現代人有其影響，也顯現《壇經》具有的時代意義。

一、禪強調打坐開悟

　　禪是強調精神的覺醒與專注，從觀照智慧（般若）到彼岸（波羅蜜多），一個不依附生、也不畏懼死的境地。觀照般若的博大精深，使我們解脫自私和自我中心引起的一切痛苦。原子物理學家告訴我們，我們來自星辰。禪卻認為，我們和宇宙相融在一起。禪的觀照，強調經驗的事實。這項真理是無法用語言文字形容的，觀照的訊息，如人飲水冷暖自知，影響的層次是超越理性。

　　鈴木大佐博士認為，在中國的唐朝與宋朝，禪的開悟方式，與其他的精神啟蒙有細微的差異。他觀察到：當時禪師的主要目的是，帶領著他們的弟子，小心翼翼地與「活化一切事物的生命」接觸，好讓他們感覺到禪的覺性在他們身上震動跳躍。它的終點，超越當今大多數宗教的精神目標。[註3] 禪的開悟不是來自上天的力量，是由內散發出來且瀰漫六合；就在我們面前，喚醒我們基本的實體，讓永恆的宇宙呈現在世人眼前，這是觀照智慧，是《壇經》影響現代人的實質意涵。

二、禪非世智辨聰

　　禪在聰明知識前退卻，如果你願意，把它隱藏。這種情形，就像難以捉摸

〔註3〕《禪與腦・開悟如何改變大腦的運作》，James H.Austin 著作，朱迪欣編譯，遠流出版，2009 年 5 月 16 日初刷七版，頁 43。

的日本叢鳴鶯。鳴鶯決不會停棲在高處，像日本蠟嘴鳥與北美的紅雀，自信地鳴叫引起大家的注意。相反的，鳴鶯自然地融入小樹的葉片裡與灌木叢中。就在那兒，牠的歌唱以緩慢的音節、柔軟的上揚口哨聲開始，然後再以出奇美妙的歌聲結束。禪強調直接教導，貶抑用語言文字與抽象理論知識。長篇大論的、複雜的哲學討論都是迂腐的亂語。少就是多，如同《道德經》所言：「知者不言，言者不知。」〔註 4〕慧能大師要我們從禪的實踐擺脫文字障礙。世人喜愛「以指標月」，在禪裡，月亮隱喻許多層次的開悟，手指和語言文字並無法代表實質的月亮。真正的開悟是透過禪的體悟而悟得生命的真如。

三、禪是活在當下

當我們看到一朵玫瑰花時，腦中的思緒不需去分析它是甚麼化學成分才會形成紅色，腦就能感受到是紅色。禪的訓練，鼓勵這種即刻的感受，此時、此地和週遭事物。禪的觀點是欣賞每一個當下的特殊性質。所以，它朝向對自然的生態崇敬；禪的鍛鍊者在他們每天的食、衣、住、行和與人交往中，謙遜學習，並有活力。禪是活在當下，它全然實實在在，實事求是。禪是吾人生命的第一手真實的經驗就是活生生的實相。非實相的是，我們日常中的緊張忙碌的生活，它充滿雜念、模糊的感受與自我為中心的行為。

今日的新時代精神，與高科技聯姻，已經在鼓動一大推轉變腦的小機器。真正的禪是不會落入這種人為的「心識體育館」（mind gyms）〔註 5〕。禪不需要造作「虛擬實相」。它像藝術欣賞課，它的訓息是「注視」自然的事物；「看穿」它們。總有一天，你會超越自己，見到它們神聖性質。那時後，你將會瞭解到，事物本來的面目，一切事物的基本一致性。這種啟蒙將會永存，從此以往你將真實地與一切事物相應。〔註 6〕慧能大師要吾們透過禪修而悟得活在當下。

四、禪是坐禪習禪

禪的基本訓練是使我們腦的直覺能力成熟。從坐禪中來調整心境與態度，想法會影響我們的心情。我們有正面積極的想法，心情就會愉快；如果我們憂

〔註 4〕《禪與腦・開悟如何改變大腦的運作》，James H.Austin 著作，朱迪欣編譯，遠流出版，2009 年 5 月 16 日初刷七版，頁 43。
〔註 5〕《禪與腦・開悟如何改變大腦的運作》，James H.Austin 著作，朱迪欣編譯，遠流出版，2009 年 5 月 16 日初刷七版，頁 44。
〔註 6〕同上註，頁 44。

傷或憤怒，就會不快樂。經過禪坐的訓練，我們不容易分心，並減低放任的、情緒的起伏，心就可以祥和有覺性，此稱之為「心靈的成長」（spiritual growth）〔註7〕。禪重要的基本鍛鍊，在使腦的直覺能力成熟。坐禪時的心境與態度，調整並決定我們所想的和感受的。如果我們感到快樂，就會有快樂的想法，感到悲傷或憤怒，就會有另類的想法。慧能要我們從禪坐中學習放下的藝術，在日常生活中觀照覺省成為生命的主流，從覺省無我簡化生命，進而以虔誠的心，內省、謙卑與慈悲心服務大眾，這亦是《壇經》的時代意義。

第二節　《六祖壇經》對現代的影響

　　現代科技的文明，帶給我們豐富的物質享受。工業與建築業的發展，造成空氣汙染，影響空氣品質。山坡地的濫砍濫筏造成土石流、水災、風災，近日世界各地震瀕傳，火山爆發，火山泥塵飄滿天際，造成海路空交通大亂。人類追求物質享受，違反自然生態，更威脅到我們的生存條件。慧能大師要我們從禪的修行中體務「頓悟成佛」、「明心見性」。

　　世界處在動盪時期，處在大變動時期，人們追求心靈的安定，心靈的體驗，現代人學習瑜伽、靜坐、氣功，或者修行修煉術。現代人需要一種活生生的精神情感的體驗，來尋求心靈的完備，進而達到健康快樂。在中國傳統的養生學在數千年漫長的進程中，不但行成了自己的理論基礎體系，也累積成了一套自己的實用與實踐方法。

一、調暢神志

　　所謂「神志」，實際上是指人的精神心理狀態。老子在《道德經》中常提到，過多的言詞、過度的感情衝動以及過多的思慮活動，都可能傷精。因此，養生就是要保持精神心理處於一種適當的中和狀態，以符合事物正常運行的客觀規律。

　　（一）精神內守：《黃帝內經》說「恬淡虛無，真氣從之；精神內守，病安從來？」所謂「內守」，就是指精神安守於內。稽康的《養生論》說：「修性以保神，安心以全身」，以便保持體內環境的協調平和，從而進入最佳生理狀態。

<hr>

〔註7〕《禪與腦‧開悟如何改變大腦的運作》，James H.Austin 著作，朱迪欣編譯，遠流出版，2009 年 5 月 16 日初刷七版，頁 45。

（二）舒暢情緒：人的情緒可分為積極和消極兩種，積極的情緒對人的健康十分有益，它可以提高腦力與體力勞動的效率和身體的抗疲勞能力，使整個神精系統充滿新的活力。消極的情緒會讓人失去心理上的平衡，行為表現會無力、臉色蒼白、心跳加速、呼吸急促等等症狀。所以調暢神志是傳統養生方法中，將人的消極情緒變為積極情緒，從而為健康長壽奠定必要的心理基礎。

（三）排洩憂悶：情緒會影響健康，當人心情憂鬱時要盡快加以排洩，《黃帝內經》說：「告之以其敗」、「語之以其善」、「導之以其所便」、「開之以其所苦」，實質上都是主張用說理開導的方法去排導患者內心的憂悶。

（四）積極有為：我國古代養生家都強調清心寡欲、恬淡虛無，但這決不是意味他們主張超塵出世、逃避現實。事實上，精神的安定與積極有為的人生態度並不矛盾。一個人若能有所作為，有所貢獻的話，不但有益於社會和他人，同時也利於自我身心健康。《孔子家語》記載，魯哀公曾詢問孔子「智者壽乎？」孔子說：「智士仁人將身有節，動靜以義，喜怒以時，無害其性，屬得壽焉，不亦宜乎？」受此思想影響，我國歷代養生家都把積極有為。老有所學、老有所為當做調暢情志養生方法的一項重要內容。〔註8〕

（五）涵養道德：有良好的道德修養是健康的重要因素之一。就養生而言，涵養道德則是調暢情志養生法所必不可少的重要手段。一個人只有注重道德修養，做到《黃帝內經》云「嗜欲不能勞其目，邪淫不能惑其心」才可能「盡終其天年，度百歲乃去。」一般來說，道德高尚的人心理安定，意志不亂，氣機通調，血脈暢達，不易發生疾病，這樣自然也就健康長壽；相反的，如果缺乏必要的道德修養，勢必斤斤計教，患得患失，內心也就難以保持寧靜平和，這種人往往未老先衰，難登「仁壽之域」。正因如此，所以歷代養生家都十分注重通過涵養道德來調暢人們的情志，以達到卻病延年的養生目的。

二、運動身體

形神兼養是中國傳統養生學的一個基本特點。清代學者王夫之在《思問錄‧內篇》中指出，運動與靜止猶如「開合」一般，「開」為動，「合」為靜。靜只是運動的一種特殊形態，是相對的，絕對的靜止是根本不存在的。因此，積極的保養方式莫過於適度運動軀體。《呂氏春秋》說「流水不腐，戶樞不蠹，

〔註8〕引自劉松來，《養生與中國文化》，江西高校出版社，1995年5月第一版第2次印刷，頁161。

動也，形氣亦然，形不動則精不流，精不流則氣鬱」。傳統醫學認為「氣鬱」可能導致百病叢生，而治愈它最好的方法就是運動軀體。東漢著名的養生家華陀說：「動搖則穀氣得消，血脈流通，病不得生」。

三、適應環境

環境，主要包括氣候和地理兩大因素。人們想要健康長壽，就必須努力去適應自己賴以生存的自然環境，老子說「順乎自然」的養生觀。《黃帝內經》云「順四時，適寒暑」的養生方法，十分注重人與自然環境和氣候變化之間的密切關係，《素問‧四氣調神大論》指出「夫四時陰陽者，萬物之根本也。所以聖人春夏養陽，秋多養陰，以從其根，故與萬物浮沉於長生之門。逆其根則伐其本，壞其真矣。故陰陽四時者，萬物之終始也，死生之本也。逆之則滅害生，從之則苛疾不起，是謂得道。」這段話可謂從根本上強調了人與季節氣後之間的密切關係，意思是說，萬物之所以能生於春、長於夏、收於秋、藏於冬，這是四時陰陽變化的規律促成的。掌握了養生之道的「聖人」正是因為能夠順應四時陰陽變化規律來調養身體，才得以保持「元真」之氣，使五臟安和，從而起到了預防和減少疾病的作用，反之，那些不順應四時變化規律的人，就無遷於自我削伐生命的根本、敗壞「元真」之氣，從而導致疾病叢生。

世界處在動蕩時期，處在大變動時期，人們追求心靈的安定，心靈的體驗，現代人學習瑜伽、靜坐、氣功，或者修行修煉術。現代人需要一種活生生的精神情感的體驗，來尋求心靈的完備，進而達到健康快樂。雷久南博士認為健康是身、心、靈三大因素的整體狀態。聯合國衛生組織也指出健康是無軀體病痛、心理健康和社會適應正常三個方面所祖成。現代的文明病如心腦血管疾病、高血壓、腦中風、各種癌症等疾病，僅靠藥物、手術，未必都能痊愈。只有自身內部的努力來改善體質或環境，改變吾人不良的生活息慣才有可能戰勝疾病，並有平何的心情，樂觀的態度，就有快樂解脫的人生。透過對《六祖壇經》修學，必能邁向健康的人生，由此可知《壇經》對現代的影響之大矣。

第三節　結　語

自古至今，人人生而痛苦，即使生活於現今科技、醫藥發達的現代人，對痛苦的感受決不亞於古代。究其根源，即是「欲望」所致，因為有了欲望，

就有求不得之苦，不滿足之苦，所以「貪欲」是人生痛苦的開始。

　　現代人緊張的生活精神面臨危機，工業社會快術的發展，在為人們提供豐富物質財富的同時，也使人發生了變化，把自己變成了物，機器成為一切，人幾乎降到了奴隸的地位，不但生活失去了目標，而且失去了生活本身，生活成為財產的附屬物。人們因此而經常受到巨大的心理緊張，遭受著種種精神痛苦，甚至導致各種精神疾病，因而對身體的健康有重大的威脅。在科學技術突飛猛進地發展，所取得的物質文明成就將世界各國家和地區聯為一體。在世界已成為「地球村」的情況下，《六祖壇經》對現代人的心理，可以給人精神得以安慰，使平凡的人走向神聖的過程中，能給人帶來愉悅與希望。禪一向強調「以心傳心」，是人的本心，是自然的生活，可以修心養性、調整人的身心狀況，可以幫助人緩解精神緊張和焦慮的心情，通過回歸自然而放鬆自己，恢復人本來的自信，從而從精神危機中擺脫出來。

　　今日文明與物質的發達，精神文明的落後，以致於人被物役，百病叢生，人倫道德沉淪，人心不古，造成的種種社會亂象，皆因人心迷失了，故慧能強調「自性本自清淨」〔註9〕找回自己清淨的本心，就不會有世俗的妄想煩惱。他說：「邪來煩惱至，正來煩惱除。」〔註10〕心中常保持正念，就能遠離煩惱。又說：「波波渡一生，到頭還自懊。欲得見真道，行正即是道。」〔註11〕終日奔波忙碌追求物慾，紛紛擾擾渡一生，到頭來還是會後悔此生的，若能向內悟得真如自性，行得正道方能解脫自在。《六祖壇經》由「不立文字」開中國禪的一代新風，其根本目的是要人明瞭佛性就在自心中，需要人自我生命的流程中自然的去體悟；其根本精神是要人們放棄依切對外的執著與追求，努力去理解佛法之真諦，回歸佛陀的教旨之精神，關注每一個現實人生的解脫。研讀《六祖壇經》體會到，人類的延續是可以無限的，但作為個體存在的自我卻是有限的；人類的能力可以事無限的，但作為個體存在的自我能力卻是有限的。當有限的自我面對無限時，往往會產生惶恐不安，人們渴望超越自我卻又難以實現，當人們嚮往永恆又不知所措，《壇經》云：「善知識！智慧

〔註 9〕 元・宗寶，《六祖大師法寶壇經》，《卍正藏》59 冊，台北：新文豐出版社，民
　　　　 69 年 4 月，頁 0007 下。
〔註10〕 元・宗寶，《六祖大師法寶壇經》，《卍正藏》59 冊，台北：新文豐出版社，民
　　　　 69 年 4 月，頁 0011 下。
〔註11〕 元・宗寶，《六祖大師法寶壇經》，《卍正藏》59 冊，台北：新文豐出版社，民
　　　　 69 年 4 月，頁 0011 下。

觀照，內外明徹，識自本心。若識本心，即本解脫。」〔註 12〕慧能認爲以佛性智慧觀照一切世間萬相，則內心澄明，就能解脫世俗煩惱的束縛，而達心靈境界的自在解脫，而超越精神的永恆。

〔註 12〕元・宗寶，《六祖大師法寶壇經》《卍正藏》59 冊台北：新文豐出版社，民 69 年 4 月，頁 0011 上。

參考書目

一、**藏經部**（依年代先後排列）

1. 隋・天台智者大師說・章安尊者記，《妙法蓮華經文記》大正藏 34 冊，台北市：新文豐出版社出版，大藏經刊行會編輯，1983 年 1 月修訂一版。

2. 梁・曼陀羅仙譯，《文殊師利所說摩訶般若波羅密經》大正藏 8 冊，台北市：新文豐出版社出版，大藏經刊行會編輯，1983 年 1 月修訂一版。

3. 龍樹菩薩造，姚秦・鳩摩羅什譯，《大智度論》大正藏 25 冊，台北市：新文豐出版社出版，大藏經刊行會編輯，1983 年 1 月修訂一版。

4. 姚秦・鳩摩羅什譯，《梵網經》二卷，大正藏二十四冊，台北市：新文豐出版社出版，大藏經刊行會編輯，1983 年 1 月修訂一版。

5. 後，姚秦・僧肇撰，《注維摩詰經》十卷，大正藏三十八冊，台北市：新文豐出版社出版，大藏經刊行會編輯，1983 年 1 月修訂一版。

6. 後，姚秦・僧肇作，《肇論》一卷，大正藏四十五冊，台北市：新文豐出版社出版，大藏經刊行會編輯，1983 年 1 月修訂一版。

7. 道信撰，《入道安心要方便法門》大正藏 85 冊，台北市：新文豐出版社出版，大藏經刊行會編輯，1983 年 1 月修訂一版。

8. 神秀撰，《大乘無生方便門》大正藏 85 冊，台北市：新文豐出版社出版，大藏經刊行會編輯，1983 年 1 月修訂一版。

9. 隨・僧璨撰，《信心銘》大正藏 48 冊，台北市：新文豐出版社出版，大藏經刊行會編輯，1983 年 1 月修訂一版。

10. 護法，等菩薩，造，唐・玄奘譯，《成唯識論》大正藏 31 冊，台北市：新文豐出版社出版，大藏經刊行會編輯，1983 年 1 月修訂一版。

11. 唐・弘忍述，《最上乘論》《禪宗集成》第一冊，台北市：藝文印書館，民國 57 年 12 月初版。

12. 唐・慧海撰，〈頓悟入道要門論〉《禪宗集成》第一冊，台北市：藝文印書館，民國 57 年 12 月初版。

13. 唐・慧海撰，《諸方門人參問語錄》《禪宗集成》第四冊，台北市：藝文印書館，民國 57。

14. 唐・道宣撰，《續高僧傳》卍正藏 57 冊，台北市：新文豐出版社影印，民國 69 年 6 月。

15. 唐・玄覺撰，《永家證道歌》一卷大正藏四十八冊，台北市：新文豐出版社影印，民國 69 年 6 月。

16. 唐・法海集記，《南宗頓教最上大乘摩訶般若波羅密多六祖惠能大師韶州大梵寺施法壇經》大正藏 48 冊，台北市：新文豐出版社出版，大藏經刊行會編輯，1983 年 1 月修訂一版。

17. 唐・成玄英，《南華真經注疏》卷第七冊，台北市：藝文印書館，1972 年 12 月初版，第 369～370 頁。

18. 宋・契嵩撰，《傳法正宗記》大正藏 51 冊，台北市：新文豐出版社出版，大藏經刊行會編輯，1983 年 1 月修訂一版。

19. 宋・道原纂，《景德傳燈錄》卍正藏 58 冊，台北市：新文豐出版社出版，民國 69 年 6 月。

20. 宋・宗寶編，《六祖大師法寶壇經》卍正藏 59 冊，台北市：新文豐出版社出版，民國 69 年 6 月。

21. 宋・悟明集，《聯燈會要》續藏經 136 冊，台北市：新文豐出版社出版，民國 66 年影印版。

22. 宋・普濟集，《五燈會元》續藏經 138 冊，台北市：新文豐出版社出版，民國 66 年影印版。

23. 明・瞿汝稷編集，《指月錄》續藏經 143 冊，台北市：新文豐出版社出版，民國 66 年影印版。

24. 明・如丞己集，《禪宗正脈》續藏經 146 冊，台北市：新文豐出版社出版，民國 66 年影印版。

25. 清・超溟著，《萬法歸心錄》《禪宗集成》第六冊，台北市：藝文印書館，民國 57 年 12 月初版。

二、著作部（依出版時間順序排列）

1. 范壽康著，《中國哲學史綱要》，台北市：台灣開明書局，1967 年 3 月二版。

2. 吳經熊著・吳怡譯，《禪學之黃金時代》，台北：臺灣商務印書館，1969 年 11 月初版。

3. 丁福保原著・蔡運辰彙編著，《六祖壇經箋註》，北海出版，民國 59 年 5

月初版。

4. 巴壺天著,《藝海微瀾》,臺北:廣文書局,1971 年 10 月初版。

5. 印順法師著,《學佛三要》,臺北:正聞出版社,1971 年 11 月重版。

6. 孤峰智燦著,《中印禪宗史》,釋印海譯海潮音社,1972 年版。

7. 黃光國著,《禪之分析》,莘華出版社,民國 61 年 8 月。

8. 張曼濤主編,《禪學論文集》現代佛教學術叢刊第二冊,臺北:大乘文化出版社,1974 年 10 月。

9. 張曼濤主編,《六祖壇經研究論集》現代佛教學術叢刊第一冊,臺北:大乘文化出版社,1976 年版。

10. 吳怡著,《禪與老莊》,臺北:三民書局出版,1976 年 4 月四版。

11. 佛洛姆與鈴木大拙合著,徐進夫譯,《心理分析與禪》,臺北:幼獅文化出版,1976 年 10 月再版。

12. 張曼濤主編,《禪宗典籍研究》現代佛教學術叢刊第一二冊,臺北:大乘文化出版社,1977 年 10 月。

13. 村上專精著・釋印海譯,《佛教唯心論概論》,臺北:慧日講堂,1977 年 12 月。

14. 馬定波著,《中國佛性心性學說之研究》,臺北:正中書局,1978 年。

15. 張曼濤主編,《禪宗思想與歷史》,現代佛教學術叢刊第五二冊,臺北:大乘文化出版社,1978 年 9 月。

16. 牟宗三著,《佛性與般若》(下),臺灣:學生書局,1979 年 4 月修訂再版。

17. 丁福保 箋註《六祖壇經箋註》臺北:天華出版社 1979 年 5 月。

18. 張曼濤 主編《般若思想研究》現代佛教學術叢刊第四五冊 臺北:大乘文化出版社 1979 年 8 月。

19. 聖印法師譯,《六祖壇經今譯》,臺北:天華出版社,1980 年 8 月。

20. 南懷瑾著,《禪話》,臺北:老古文化出版社,1981 年 4 月臺灣四版。

21. 鈴木大拙著,徐進夫譯,《禪與天地》,臺北:志文出版社,1981 年 9 月。

22. 道安法師著,《空的哲學》,臺北:天華出版社,1981 年 10 月。

23. 李翊灼校譯,《維摩詰經集註》,臺北:老古文化出版社,1982 年。

24. 鈴木大拙著,孟祥森譯,《禪學隨筆》,臺北:志文出版社,1982 年 3 月再版。

25. 鈴木大拙著,劉大悲譯,《禪與生活》,臺北:志文出版社,1982 年 9 月再版。

26. 杜松柏著,《中國禪學》,臺北:三文印書館,1984 年 6 月。

27. 杜松柏著，《中國禪學》，金林文化，73 年 6 月初版。

28. 王德昭譯，《中國美學史導讀》，台北：正中書局，74 年 9 月第六次印行。

29. 陳榮波著，《禪海之筏》，臺北：志文出版社，1986 年 8 月再版。

30. 陳柏達著，《圓滿生命的實現——布施波羅蜜》，台北：東大圖書，民國 75 年 9 月。

31. 鐮田茂雄著，關世謙譯，《中國禪》，高雄：佛光出版社，1987 年 1 月。

32. 何國詮著，《中國禪學思想研究》，臺北：文津出版社，1987 年 4 月。

33. 印順法師編，《法海微波》，臺北：正聞出版社，1987 年 6 月。

34. 川田雄太郎‧中村元等著，李世傑譯，《華嚴思想》，法爾出版社，民國 76 年 6 月。

35. 林同華著，《中國美學史論集》，丹青圖書有限公司，77 年再版。

36. 阿部肇一著，關世謙譯，《中國禪宗史》，臺北：東大出版，1988 年 7 月。

37. 吳汝鈞著，《佛教的概念與方法》，台北市：臺灣商務印書館，1988 年 9 月。

38. 慈怡主編、星雲大師監，《佛光大辭典》，高雄：佛光出版社，1988 年 10 月初版。

39. 鈴木大拙著，李世傑譯，《禪佛教入門》，臺北：協志工業叢書，1989 年 1 月七版。

40. 吳永猛著，《禪畫欣賞》，台北市：慧炬出版社，民國 79 年 5 月。

41. 周曉安著，《心性悟修論》，臺北：文津出版社，1990 年 8 月。

42. 公方俊良著，李常傳譯，《禪問》，臺灣：新潮社，1990 年 8 月二刷。

43. 平田精耕著，柯素娥譯，《禪學智慧》，大展出版社，民國 80 年 5 月。

44. 平田精耕著，心靈雅集編譯，《活人禪》，大展出版社，民國 80 年 6 月。

45. 聖嚴法師編著，《禪門修証》，臺北：圓神出版社，1991 年 9 月。

46. 聖嚴法師著，《禪門解行》，臺北：圓神出版社，1991 年 9 月。

47. 證嚴法師編著，《禪門驪珠》，臺北：東初版社，1991 年 9 月。

48. 洪修平著，《禪宗思想的形成與發展》，高雄：佛光出版社，1991 年 10 月。

49. 印順法師著，《中觀今論》，臺北：正聞出版社，1992 年 4 月修訂一版。

50. 印順法師著，《如來藏之研究》，臺北：正聞出版社，1992 年 5 月修訂版。

51. 阿部正雄著，王雷全、張汝倫譯，《禪宗與西方思想》，臺北：桂冠圖書出版，1992 年 5 月。

52. 陳耀庭、李子微、劉仲宇編，《道家養生術》，上海：新華書店，1992 年 8 月。

53. 林木大拙著，《禪學的思索》，中國青年出版社，1992 年 9 月。

54. 連陽居士著，《佛門禪定要訣淺譯》，武陵出版社，1992 年 9 月。

55. 柳田聖山著，吳汝鈞譯，《中國禪宗思想》，台北市：臺灣商務印書館，1992 年 9 月二版。

56. 印順法師著，《空之探究》，臺北：正聞出版社，1992 年 10 月 6 版。

57. 吳汝鈞著，《遊戲三昧一禪的實踐與終極關懷》，台北市：臺灣學生書局，1993 年 2 月。

58. 楊惠南，《惠能》，臺北：東大出版社，1993 年 4 月。

59. 郭朋著，《中國佛教史》，臺北：文津出版社，1993 年 7 月初版。

60. 杜繼文、魏道儒編著，《中國禪宗通史》，江蘇古籍出版社，1993 年 8 月。

61. 顧偉康著，《拈花微笑——禪宗的機峰》，臺北：風雲時代出版，1993 年 8 月。

62. 方東美著，《中國人生哲學》，黎明文化，民國 82 年 8 月 9 刷。

63. 聖嚴法師講，《禪的體驗·禪的開示》，臺北：東初出版社，1993 年 11 月。

64. 聖嚴法師著，《禪的生活》，臺北：東初出版社，1993 年 11 月。

65. 聖嚴法師著，《禪與悟》，臺北：東初出版社，1993 年 11 月。

66. 聖嚴法師著，《拈花微笑》，臺北：東初出版社，1993 年 11 月。

67. 顧偉康著，《禪宗：文化交融與歷史選擇》，上海知識出版社，1993 年 12 月 2 刷。

68. 洪修平著，《中國禪宗思想史》，臺北：文津出版社，1994 年 4 月。

69. 洪修平、吳永和著，《禪學與玄學》，臺北：揚智文化出版，1994 年 7 月。

70. 印順法師著，《大乘初期佛教之起源與開展》，臺北：正聞出版社，1994 年 7 月 7 版。

71. 印順法師著，《中國禪宗史》，臺北：正聞出版社，1994 年 7 月八版。

72. 張育英著，《禪與藝術》，臺北：揚智文化出版，1994 年 12 月。

73. 陳文新著，《禪宗的人生哲學：頓悟人生》，台北市：揚智文化出版社，1995 年。

74. 顧奎勤、高永瑞著，《老人食療》，台北市：國際村，民國 84 年。

75. 釋從信譯，《心經——阿含經入門》，圓明出版社，民國 84 年 2 月。

76. 吳汝鈞著，《中國佛學的現代詮釋》，臺北：文津出版社，1995 年 6 月。

77. 釋從信解釋，《金剛經》，圓明出版社，民國 84 年 11 月。

78. 李富華釋譯，《楞嚴經》，高雄：佛光出版社，1996 年。

79. 賴永海，《楞伽經》，高雄：佛光出版社，1996 年。

80. 黃群釋譯，《法華經》，高雄：佛光，1996 年。

81. 高振農釋譯，《華嚴經》，高雄：佛光，1996 年。

82. Lrving Singer 著，郜元寶譯，《生命價值的創造》，業強出版社，民國 85 年。

83. 王志遠、吳相州著，《禪詩今譯百首》，高雄：佛光出版社，民國 85 年 4 月。

84. 陳平坤著，《六祖大師的 17 則智慧──慧能禪法之般若與佛性》，台北縣：大千出版社，民國 85 年 4 月。

85. 吳平著，《禪宗祖師一慧能》，江西：人民出版社，1996 年 4 月二刷。

86. 梁曉虹著，《禪宗史話》，江西：人民出版社，1996 年 4 月二版。

87. 段德智著，《死亡哲學》，武漢市：湖北人民出版社，1996 年二版。

88. 劉欣如著，《生命的智慧──六祖壇經》，添翼文化，1996 年 6 月。

89. 小松正衛著，王麗香譯，《死亡的真諦》，台北市：東大圖書出版，民國 86 年。

90. 張華釋譯，《景德傳燈錄》，高雄：佛光，1997 年。

91. 吳平釋譯，《雜阿含經》，高雄：佛光出版社，1997 年。

92. 賴永海譯，《維摩詰經》，高雄：佛光出版社，1997 年。

93. 楊惠南著，《佛教思想發展史論》，臺北市：東大出版社，1997 年 8 月再版。

94. 湯用彤著，《隋唐佛教史稿》，臺北市：木鐸，1997 年 8 月再版。

95. 印順法師著，《中國禪宗史‧從印度禪到中國禪》，新竹縣：正聞出版社，民國 86 年 10 月。

96. Phil Cousineau 著，宋偉航譯，《靈魂筆記》，立續文化出版，民國 87 年。

97. 洪修平、孫亦平著，《中國思想評傳叢書‧惠能評傳》，江蘇省：南就大學出版，1998 年。

98. 傅偉勳著，《學問的生命與生命的學問》，台北：正中書局，1998 年 11 月，第三次印行。

99. 釋證嚴著，《生命的至情》，臺北市：聯經，1999 年初版。

100. 釋證嚴著，《生命的智慧》，臺北市：慈濟文化，1999 年再版。

101. 鄭曉江著，《超越死亡》，台北：正中書局，1999 年 12 月第三次印行。

102. 蔡仁厚著，《孔孟荀哲學》，台北市：臺灣學生書局，88 年 5 月刷。

103. 蔡仁厚著，《中國哲學史大綱》，台北市：臺灣學生書局，88 年 9 月初版四刷。

104. 艾雅‧凱瑪著，陳錦書譯，《禪與自在解脫》，商周出版 2000 年。

105. 梁乃崇著,《金剛經現代直解》,台北市・圓教基金會,2000 年。

106. 尉遲淦著,《生死學概論》,台北:五南圖書出版有限公司,2000 年 3 月初版。

107. 林綺雲著,《生死學》,台北:紅葉文化事業有限公司,2000 年 7 月。

108. 羅光著,《形上生命哲學》,台北市:台灣學生書局,2001 年。

109. 楊曾文校寫,《新版・敦煌新本六祖壇經》,北京:宗教文化出版社,2001 年 5 月。

110. 李申釋譯,《六祖壇經》,高雄:佛光出版社,2001 年 7 月初版 5 刷。

111. 黃德昌等注,《周易與養生之道》,四川:人民出版社,2001 年 11 月。

112. 淨智法師著,賴隆彥譯,《禪是心靈的妙境》,商周出版,2002 年。

113. 證嚴法師開示・靜思書齋編撰,《生死皆自在》,臺北市:靜思文化,2002 初版。

114. 李中華注譯,丁敏教閱,《新譯六祖壇經》,台北市:三民書局,民國 91 年初版。

115. 一行禪師著,《與生命有約》,橡樹琳文化出版,2002 年 7 月。

116. 陳俊輝著,《生命思想 v.s 生命意義》,台北市:揚智文化,民國 92 年。

117. 達賴喇嘛著,《快樂・達賴喇嘛的人生智慧》,國家圖書館出版,2003 年。

118. 釋證嚴著,《生命的至情第二集》,臺北市:聯經,2003 年初。

119. 釋慧開著,《儒學生死學與哲學論文集》,臺北市:洪葉文化,2004。

120. 吳怡著,《生命哲學》,台北市:三民書局出版,2004 年初版。

121. 吳怡、張啓鈞著,《中國哲學史話》,台北市:三民書局出版,2004 年 11 月三版。

122. 曾召南注釋,劉正浩校閱,《新譯 養生延命錄》,台北市:三民書局,2006 年。

123. 樓宇烈校釋,《王弼集校釋》,台北市:華正,民 95。

124. 釋證嚴著,《生命的至情第三集》,臺北市:聯經,2006 年初版。

125. 木藤潮香著,明珠譯,《生命的障礙》,臺北市:高寶國際,2006 年初版。

126. 木藤亞也著,明珠譯,《一公升的眼淚:亞也的日記》,臺北市:高寶國際,2006 年初版。

127. 威廉・赫伯李若醫師著,陳錦慧譯,《小鎮醫師的生命課題——臨終關懷,是我人生中最美好的經驗》,臺北市:久周,2006 年初版。

128. 洪蘭著,《大腦的主張》,臺北市:天下雜誌,2006 年第一版。

129. 王邦雄、岑溢成、楊祖漢、高柏圓編著,《中國哲學史》,台北縣:國立空中大學,2006 年 10 月初版九刷。

130. 石上玄一郎著，吳村山譯，《輪迴與轉生──死後世界的探究》，東大圖書，民國 86 初版。

131. 賴永海、楊維中注釋，《新譯楞嚴經》，台北市：三民書局，2007 年 1 月。

132. 松渭水譯注，《新譯‧莊子本義》，台北市：三民書局出版，2007 年 4 月。

133. 陳引馳、林曉光注釋，《新譯維摩詰經》，台北市：三民書局，2007 年 5 月。

134. 宋‧朱熹，《四書》，臺北：藝文出版，96 年。

135. 陳榮波著，《哲學與藝術美學》，台北縣：逸龍出版社，民國 96 年 8 月。

136. James H.Austim 作‧朱迪欣譯，《禪與腦：開悟如何改變大腦的運作》，台北市：遠流出版，2007 年 8 月。

137. 趙可式著，《安寧伴行》，臺北市：天下遠見，2007 年 8 月第一版。

138. 張松輝注釋，丁敏校閱，《新譯妙法蓮華經》，台北市：三民書局，2008 年 5 月。

139. 單國璽著，林保寶採訪整理，《生命告別之旅》，臺北市：天下遠見，2008 年 9 月第一版。

140. 許瑞云著，《哈佛醫師養生法》，臺北市：平安文化，2009 年 7 月初版。

141. 傅偉勳著，《死亡的尊嚴與生命的尊嚴》，台北：正中書局，1998 年 11 月，第三次印行。

142. 廖俊凱著，《看對醫師，做對檢查：掛錯科，真要命》，臺北縣中和市：台灣廣廈，2009 年 9 月二版。

143. 明含著，《生命的奇遇》，臺北縣中和市：INK 印刻文學，2009 年 10 月初版。

三、期刊

1. 高柏園，〈壇經般若品探義〉，《中華文化月刊》第 56 期，73 年 6 月。

2. 高柏園，〈壇經頓漸品中的頓悟與漸修〉，《中華文化月刊》65 期，74 年 3 月。

3. 杜松柏，〈禪宗的體用研究〉，《中華佛學學報》第 1 期，76 年 3 月。

4. 釋聖嚴，〈六祖壇經的思想〉，《中華佛學學報》第 2 期，1990 年 4 月。

5. 成中英，〈禪的詭論與邏輯〉，《中華佛學學報》第 3 期，79 年 4 月。

6. 釋惠敏，〈戒律與禪定〉，《中華佛學學報》第 6 期，82 年 7 月。

7. 釋聖嚴，〈中國佛教的特色──禪與禪宗〉，《華崗佛學學報》第 4 期。

8. 江燦騰，〈愣伽經研究〉，《中國佛教》二七卷，第 6 期，慧廣〈明心見性──依唯識明心，依般若見性〉，《中國佛教》三十卷，第 11 期。

四、論文

1. 全明鎔：《先秦生死觀研究》，台北：輔仁大學中文所碩士，1984 年。

2. 曾文娟：〈《六祖壇經》的禪學思想研究〉，台中：私立東海大學哲學系研究所碩士論文，1999 年 6 月。

3. 蘇會萍：〈《老》《莊》生死觀研究〉，國立中山大學中國文學研究所碩士論文，2002 年 6 月。

4. 高慈穗：《惠能的教育思想》，台中：私立東海大學哲學系研究所碩士論文，2003 年 6 月。

5. 黃俊雄：傅偉勳生死哲學之研究嘉義：南華大學文學研究所 2004 年 11 月。

6. 陳明勝：〈敦博本《六祖壇經》的禪學思想研究〉嘉義：南華大學文學研究所 2005 年 7 月。

7. 張士麟：〈《黃帝內經》之生命倫理學〉，台中：私立東海大學哲學系研究所碩士論文，2005 年 10 月。

8. 林福帥：〈《六祖壇經》的管理哲學〉，台中：私立東海大學哲學系研究所碩士論文，2006 年 5 月。

9. 陳懿瑩：〈《六祖壇經》的輔導哲學〉，台中：私立東海大學哲學系研究所碩士論文，2007 年 6 月。

10. 李涵芃：《莊子生死慧研究》，嘉義：南華大學哲學系研究所 2007 年 7 月。

11. 彭金枝：《稽康〈明膽〉〈養生〉二論之人生哲學研究》，台中：私立東海大學哲學系研究所碩士論文，2009 年 12 月。

12. 柯燕伶：《孔子生死哲學及其當代意義》，台中：私立東海大學哲學系研究所碩士論文，2010 年 1 月。

13. 吳靖奇：《維根斯坦的心靈哲學》，台中：私立東海大學哲學系研究所碩士論文，2010 年 1 月。

14. 李翠芳：〈道教養生思想與老莊之關係——以葛洪《抱朴子·內篇》為例〉，台南：國立臺南大學國語文學系碩士論文，2007 年 6 月。

附錄一：孟子心性之說

前　言

　　自古以來，有關人性善惡，始終是個爭論不休的問題。歷代聖哲也作了很多探討與解釋，他們依據人性善惡，定出很多人生修養的法則。亞聖孟子率直肯定人性是天所賦予的，裡頭就有「仁、義、禮、智」的根苗，因為人性天生就是善的，所以，人之可貴在於內而不在外。

　　他說：「每個人都有惻隱、羞惡、恭敬、是非之心」，這個「仁愛、道義、禮法、理智」等四種心情，並非從外面煉成的，而是我本來就固有的。如果用心去研求，就可以得到他；放棄了，就會失掉他。詩云：「天生蒸民，有物有則」。所以，孟子認為人之有此「仁義禮智」四端，就好像人有四體一樣。有此四種體能而謂沒有能力，那就是甘心賊害自己也。誠如他說的「曠安宅而弗居，捨正路而不由，哀哉！」

一、性善說

　　孟子繼承子思率性之說，而為性善之論。孟子云：「凡人都有不忍害人的心，古時候帝王就為了有不忍害人的心，所以有不忍傷民的政事施行出來。推不忍害人的心，行不忍傷民之政，以是治天下，易於運丸於掌上。為什麼要說人都有不忍害人的心呢？孟子的解釋：譬如現在有人忽然看見一個小孩子，快要跌到井裏去，那是無論心腸怎樣硬的人，都會有憐憫傷痛的心情表現出來，這種心情完全出於自然，並不是想藉此結交那孩子的父母，也不是想博得鄉族朋友的稱讚，更不是憎惡那求救的呼聲纔會如此的。」

　　從這點看來，沒有憐憫傷痛的心，就不算人；沒有羞恥憎惡的人，也不算人；沒有辭謝退讓的心，更不算人；沒有是非的心，更是算不得人。這憐

憫傷痛的心，便是仁道的發端；這羞恥厭惡的心，便是義理的發端；這辭謝退讓的心，便是禮節的發端；這是非的心，便是智識的發端；一個人的心，具備了這四端，就如同身體具備著四肢一樣。假使具備了四端，自己卻說沒有能力為善，那便是自賊害其性，使不為善，謂其君不能為善而不匡正者，則是賊其君，使陷於惡。

二、擴充四端

仁義禮智四端，是我們每個人都有的，有了這四端，又知道擴充的，那就好像火在開始燃燒，泉水在開始湧出，有日新又新，不能自己的情形。故此，在擴充這四端方面，「苟能足之足以保四海，苟不足之之，不足以事父母。」（《孟子・公孫丑篇》）

孟子認為人祇要順著本性所發動的心情，就可以為善，這也就是他所說人性本來是好的道理，至於做不好的事，並不是本來材質不好的罪。譬如憐憫傷痛的心，是人人都有的；羞恥厭惡的心，也是人人都有的；恭敬的心，也是人人都有的；是非之心，也是人人都有的。這憐憫傷痛的心，便是仁愛；這羞恥厭惡的心，便是道義；這恭敬的心，便是禮法；這是非之心，便是理智。照這樣看來，仁愛、道義、禮法、理智這四端，並不是從外面煉成這樣的，原是自己本來就有的，不過人不去思考罷了。所以說，用心去研求，就可以得到它，不用心去研求，就會失掉它了。到後來所做的事，好壞的不同，竟有相差一倍到數倍甚至不能計算者，這都是不能充分發揮他本來材質的緣故。（《孟子・告子篇》）

孟子以性善是人天賦之本能，內心之自然，是與生俱來的。不論賢愚，性是相同的，而結果有善惡不同者，便是後天能否確保而擴充的問題。就是順其性而擴充之則為善，受環境物質的誘惑支配而泯滅其本性則為惡。人皆有仁義禮智之四端，此四端若能擴而充之，則為聖人。人之不善，即不能就此四端擴而充之，並不是他的本「性」與善人不同的緣故。

孟子認為人之所以為人，亦即人之所以別於禽獸者，在能思想，在能依理義而行，在能「從其大體」以保守其心志。能思之心為人所特有，是「天之所以與我」者，所以是「大體」，耳目之官，是人與禽獸所同具，所以是「小體」。若只從「小體」，則不僅為小人，而且為禽獸。

孟子認為人之所以不善，是由於不知操持保守而放失其良心，由於良心

放失易、而保守難，因此不可頃刻即失其養，更當無時不用其力，使神清氣定，常如平旦之時，則此心常存、無適而非仁義矣。

孟子曰：「仁、人心也；義、人路也；舍其路而弗由，放其心而不知求，哀哉！人有雞犬放，則知求之；有放心，而不知求；學問之道無他，求其放心而已矣。」（《孟子‧告子篇》）

這是說仁道，就是人的本心；義理，就是人的大路；人拋卻了大路不去走，放棄了本心，不知道尋回，真是可憐。人有雞犬放到外面去，則曉得去找牠們回來，放了心出去，倒不曉得去找牠回來。所以學問之道，沒有其他的方法，祗要把放失的心求回來就好了。

孟子教人凡事要反求自心，保守存養，勿因私欲而失其本心。設使人無良心，而但有利害之私情，則凡可以偷生免死者，皆將不顧禮義而為之。假使人所想保全的沒有再比生命更要緊，那末，凡是能保全生命的，就不論什麼卑鄙的手段，都肯使出來了。假使人所憎恨的沒有再比死亡更厲害的話，那末，凡是能夠逃避死亡與禍患的，就不論什麼違反大義的事，都肯做出來了。不過話說回來，人還是有良心的，為了大義的緣故，人所想保全的，有比生命更可貴者。人所憎惡的，有比死亡更厲害者。因為人是有良心的，所以人就能捨生取義，這不僅有道德的人，才有這存心，實在是人人都有的，不過有道德的人，能夠不喪失罷了。

關於孟子的修己之道，孟子曾自己說過：「我四十不動心。」（《孟子‧公孫丑篇》）當他的弟子公孫丑問：老師的不動心的工夫，與告子的不動心有什麼分別？又怎麼才能達到老師所說不動心的境界時？孟子則回答說：「我知言，我善養吾浩然之氣。」（《孟子‧公孫丑篇》）

孟子所講的不動心，也就是心有所主，能當大任而不惑不懼。「知言」是說凡天下之言，無不有以究極其理；「養氣」是指順養此至大至剛的浩然之氣，以復其初。能知言，則有以明夫道義，而於天下之事無所疑惑；能養氣，則有以配夫道義，而於天下之事無所畏懼，這就是能當大任而心有所主的原因。而告子之學則與此恰恰相反，告子的不動心是冥然無覺，悍然不顧的意思。

三、孟子養氣的四個步驟：

（一）養　勇

養勇是培養勇氣，能培養勇氣，才能不畏怯，不動心。孟子指出，北宮

黝與孟施舍，養勇的方法不同，照朱熹的解釋：「北宮黝蓋刺客之流，以必勝為主而不動心；孟施舍蓋力戰之士，以無懼為主而不動心；黝務敵人，舍專守己。子夏篤信聖人，曾子反求諸己，故二子之與曾子、子夏，雖不能相比，然論其氣象，則各有其相似之處。」（《孟子‧公孫丑篇》）朱注，論二子之勇，則未知誰勝，論其所守，則舍比於黝，為得其要。不過二人都是血氣之勇，雖能不動心，而未必合乎理義。孟子指出從前曾子告訴他的弟子子襄說：我曾經聽到我的夫子說過的大勇是這樣的：自己反省一下，若是理不直，對方雖是一個穿粗布寬大衣服的平常人，我應畏避而讓他；倘若自己的理直，雖千萬人在前，我也要勇往直前的與之對敵。（《孟子‧公孫丑篇》）孟施舍雖似曾子，然其所守，乃一身之「氣」；曾子反身循理，所守則在「義」；故曾子所說的勇，才配算作大勇。

（二）持 志

孟子養氣的第二個步驟是「持其志，無暴其氣。」（《孟子‧公孫丑篇》）就是要持守其心志，更要使氣不致妄發，以免意氣用事而不可抑制。志是心的理智作用所定的行為的動向，氣則是一種情感作用，所以應該是「志」為「氣」之帥，也就是以「志」為氣的主宰。但徒有「志」而無充塞全身之「氣」，則又因循退縮，無進取之勇。所以要志之所至，氣即隨之，當敬守其志，而使氣能聽命於志。志動氣，則志為主動，氣為被動；氣動志，則氣為主動，志為被動。志出令而氣受令，則心便不為氣所動了。

（三）集 義

孟子認為氣是配合義與道的，義是人心之當然，道是天理之自然，集義也可說就是積善。無道義，即不能生浩然之正氣。若平時所為，事事循理而行，皆合於義，則集合此義，自能生浩然之正氣。孟子認為養氣必以集義為事，而且要祗問耕耘，而勿預先期望其收穫。其或未充，則當從容涵蓄，不當揠苗助長。時時以不得於言不得於心者，求諸心，直養而無害，則心勿忘而義集矣。也就是說，一切言行，若能處處時時，循理合義，積義既久，此氣自生，便能「不勉而中，不思而得，從容中道」（《中庸》），達到「浩然正氣，充塞於天地之間」（《孟子‧公孫丑篇》）的境界。

（四）寡 欲

耳目口鼻之欲，雖人所不能無，然多而不節，則未有不失其本心者。所

以孟子說：「養心莫善於寡欲。其為人也寡欲，雖有不存焉者寡矣；其為人也多欲，雖有存焉者寡矣。」（《孟子‧盡心篇》）這是說要養自己的良心，最好是能減少嗜欲，做人如果嗜欲少，則外物不能誘之，故心存而不放。嗜欲多，則心為外物所誘，放而不存。集義屬養氣的積極方面，寡欲屬養氣的消極方面，人有不為而後可以有為，有不欲而後可以有欲。唯其寡欲，始能安貧樂道，持守本心不失，「富貴不能淫，貧賤不能移，威武不能屈」（《孟子‧滕文公篇》）這才算是真正的大丈夫。

孟生所講知言，是指能明辨別人言語之是非。孟子指出語言之病有四，第一為詖辭，第二為淫辭，第三為邪辭，第四為遁辭。他說：「聽了這人的說話是偏重一邊的，就知道他的心被利祿所遮隔了；聽了這人的說話是放蕩無禮的，就知道他的心被私欲所沉溺了；聽了這人說話不依正理，就知道他的心已離開道義了；聽了這人的說話處處逃避，就知道他的心已受著重大的困屈了」（參見《孟子‧公孫丑篇》）。蓋言為心聲，就其言之病，可知其心之失。

楊朱主張為我，知有己不知有群，其流弊至於無君、無政府。墨翟主張兼愛，視至親猶眾人，其流弊至於無父，無天倫。陳仲子避兄離母，亡親戚君臣上下，入於楊；白圭欲更稅法，二十而取一，其治水以鄰國為壑，亦近楊。宋牼禁攻寢兵，欲以利說秦楚之王而罷其師，入于墨；許行欲平階級，齊物價，與民並耕而食，饔餐而治，亦近墨。孟子深知其皆生心害政，邪說誣民，故以理闢之。楊墨之道不息，孔子之道不著，能心通於道，乃能無疑於天下之理。

孟子修己之道主張內養浩然之氣，不怵於禍福死生，而能見義勇為；外衡天下之言，不眩於是非邪正，而能慎思明辨。拿先儒的學說來比，孟子所說的知言，相當於格物致知，養氣相當於誠意正心。拿後儒的學說來比，程伊川所說的「涵養須用敬」，相當於養氣，「進學則在致知」，相當於知言，二者如鳥之兩翼，車之兩輪，是相輔相成的。

結　論

總之，能知是知非、好善惡惡的良知本心，這樣的人性是美善的，此所謂性善論。同時，此善性非聖人所專屬，而是人人皆有，因而人人皆有成聖的可能，而吾人所以要、所以能修養，也端賴此良心的發用。進而言仁政王道不過是良知本心充分擴充下的要求，此所謂「內聖外王」矣。

參考書目

1. 《孔孟荀哲學》蔡仁厚著，臺灣學生書局，（民國 88 年 5 月刷）。

2. 《中國美學史導讀》王德昭譯，正中書局，（民國 74 年 9 月第六次印行）。

3. 《中國哲學史話》吳怡、張啓鈞著，三民書局出版（2004 年 11 月三版）。

4. 《中國哲學史》王邦雄，岑溢成，楊祖漢，高柏園編著，國立空中大學
   （2006 年 10 月初版九刷）。

5. 《中國哲學史綱要》范壽康著，台灣開明書局，（1967 年三月二版）。

6. 《中國美學史論集》林同華著，丹青圖書有限公司，（民國 77 年再版）。

7. 《四書》宋・朱熹集注，林松、劉俊田、禹克坤譯注。

8. 《中國哲學史大綱》蔡仁厚，著，臺灣學生書局，（民國 88 年 9 月初版
   四刷）。

附錄二：莊子超越時空的境界

老之有莊，猶孔之有孟，莊子在道家的地位，有如孟子在儒家的地位。

老子「道生之，德畜之」的道，到了莊子，道已內化，故轉言天人、至人、神人、聖人、真人的虛靜觀照；此有如孔子「天生德予」的天，到了孟子，天已內在化，故轉言良知、良能、善端、本心、性善的呈現自覺。

莊子繼承了老子的道，但有創新。大體莊子論道，不像老子那樣重視道的本體，那樣重視道在宇宙生成過程中的作用，而是把道化為一種人生可以達道的境界，一種空靈明淨的境界。更有意義的是，莊子具體描繪了道的境界，分析了修道的過程，介紹了修道的方法，莊子的哲學，實際是人生哲學。

一、道與道的境界

「夫道有情有信，無為無形；可傳而不可受，可得而不可見；自本自根，未有天地，自古以固存；神鬼神帝，生天生地；在太極之先而不為高，在六極之下而不為高深，先天地生而不為久，長於上古而不為老。」（《大宗師》）

「道有情有信，無為無形」，關鍵在於「情」、「信」二字。《齊物論》說：「可行己信，而不見其形，有情而無形。」指的就是道。道，有其實，有驗證，無所行為，無其形體，道，雖然無所作為，看不見摸不著，但他真實存的；可心傳而不可口授，可得之於心而不可見；道，是永恆的，自生自存的，沒有天地之前就存在了，道，無始無終；使鬼與古帝神靈，派生天派生地；在天之上而不為高，在六合之下而不為深，先於天地產生而不為久，比上古久遠而不為老，道，是超乎時空的。

道不僅「生天生地」，它還產生萬物。孔子問道於老子，老子說：

夫道，窅然難言哉！將爲汝言其崖略。夫昭昭生於冥冥，有倫生於無形，精神生於道，形本生於精，而萬物以形相生。故九竅者胎生，八竅者卵。其來無迹，其往無崖，無門無房，四達之皇皇也。（《知北遊》）

老子說：道，深遠而難言呢！從宇宙的生成和發展過程來看，開天闢地、萬物昭彰的景象，是從渾渾沌沌的遠古演變而來的，有形之物從無形中來，精神生於道，形又生於精神，萬物以各種形態相互轉化。所以九竅的人和動物是胎生，八竅的動物是卵生的。而道本身則來無蹤跡，往無崖際，沒有來源，也沒有歸宿，無所不通，無限寬廣。

老子論道生萬物，不是直接生出萬物，而是賦於萬物以神，「萬物以神相生」，道是原動力，萬物互相轉化，道不離其中。所以，道不像霹靂閃電那樣捉摸不定，也不是空中樓閣而高不可攀。在《知北遊》東郭向莊子問道，兩人有一段對話如下：

東郭問於莊子曰：「所謂道，惡乎在？」

莊子曰：「無所不在。」

東郭子曰：「期而後可。」

莊子曰：「在螻蟻。」

曰：「何其下邪？」

曰「在稊稗。」

曰：「何其愈下邪？」

曰：「在瓦甓。」

曰：「何其愈甚邪？」

曰：「在屎溺。」

東郭子不應，莊子曰：「夫子之問也，固不及質。正穫之問於監市履狶也，『每下愈況』。汝唯莫必，無乎逃物，至道若是，大言亦然。」

道無形而不可見，東郭子不知道在哪裏。當莊子告訴他「無所不在」時，他仍不明白，便要莊子舉個例子。莊子依次舉螻蟻、稊稗、瓦甓、屎溺，東郭子覺得一個比一個卑下。莊子借「每下愈況」這個例子，說明道在屎尿那樣卑下的東西都存在，當然是「無所不在」了。因此要東郭子不要絕對化，不要以爲道像實體物質那樣僅存在某一特定的空間，因爲道內化於物中。

莊子把目光投向無限的時空，把道化爲心靈的境界，把道作爲解決現世

人生問題的法寶。精神就能無限昇華，向宇宙無限擴展。

二、修道的過程

道，展示了無限的光明，人就把道作為最高的追求目標。在《大宗師》中，女偊得了道，相貌年輕不老。南伯子葵便向女偊問道，女偊便講了他的修道過程。女偊說：

> 夫卜梁倚有聖人之才而無聖人之道，我有聖人之道而無聖人之才，吾欲以教之，庶幾其果為聖人乎！不然，以聖人之道告聖人之才，亦易矣。吾猶守而告之：參日而後能外天下；已外天下矣，吾又守之，七日而後能外物；已外物矣，吾又守之，九日而後能外生；已外生矣而後能朝徹；朝徹，而後能見獨；見獨，而後能無古今；無古今，而後能入於不死不生。(《大宗師》)

在修道的過程以前女偊要南伯子葵先消除一個觀念。他舉例說，卜梁倚有聖人之才，用聖人之道教他，就以為他就可以成為聖人，其實不然。因為道無形無名，「可傳而不可得」。他強調修道重在「守」字，告訴卜梁倚他對修道過程的體驗：

> 「守」了三天之後，就把天下置之度外了，然後又「守」了七天，就把人間一切事物都置之度外了。然後又守了九天，就把生命置之度外了。一把生命置之度外，心靈就像早晨旭日東昇的萬里晴空一樣，清澈明朗，豁然貫通。進入這一境界，就能見到無為的大道，突破時空的限制，無所謂古今生死，與大道永存。故，女偊修道的過程只有三個層次：
>
> 「外天下」為第一層，「外物」為第二層，「外生」為第三層為最高層。
>
> 1、「外天下」，即「遺其世故」，白擺脫各種社會關係的束縛，換言之，就是不追求個人的社會價值，拋棄功名。
> 2、「外物」即「不為物役」，不沉於財貨、飲食、男女、聲色之中，超然物外。
> 3、「外生」即就是不計生死。

三、修道的方法

莊子所論修道的方法，是具體的養生方法的提昇，二者是相通的。例如

《齊物論》中的「喪我」、「喪其耦」、《人間世》中的「心齋」,《大宗師》中「坐忘」、「息之以踵」,《刻意》中的「養神之道」等,既是養生方法又是修道方法。

在《田子方》中,孔子見老聃,五問五答,老聃仔細的介紹修道的方法,再具體的運用於修道的過程。

孔子初見老聃,老聃剛洗完頭,正披散頭髮要晾乾,站著一動也不動像個木偶。見此景,孔子只好退到門外等著。過一會兒,孔子進門拜見,兩人開始第一次對話:

> (孔子)曰:「丘也眩與?其信然與?向者先生形體掘若槁木,似遺
> 物離人而立於獨也。」老聃曰:「吾遊心於物之初。」(《田子方》)

孔子見到老聃在晾頭髮,身體直立靜如枯木,好像超然物外而遊離人間,立身於「獨」,「獨」是指獨一無二的大道。老聃的樣子,讓孔子看了有所不解,於是發問,老聃解釋說,他正遊心於萬物的初始,說明自己用心於虛無之道。

第二次,孔子問甚麼是「物之初」,老聃答之。兩人對話如下:

孔子曰:「何謂邪?」曰:「心困焉而不能知,口辟焉而不能言,嘗為汝議乎其將。至陰肅肅,至陽赫赫。肅肅出乎天,赫發乎地。兩者交通成和而物生焉,或為之紀而莫見其形。」(《田子方》)

孔子問何謂「物之初」?老聃回答,從三方面回答:

1、「至陰」陰氣、「至陽」陽氣、「肅肅」陰氣寒冷、「赫赫」陽氣泌熱。

寒冷的陰氣出於天,泌熱的陽氣出於地,例如雨雪自天而降,太陽從地平線升起。故陰陽二氣交通融和,寒暑交替,風調雨順,萬物滋生繁茂。有個東西在支配著至陰至陽,但誰也沒見到它是甚麼形狀。

這萬物的老祖宗,老聃稱之「物之初」,就是虛無的大道。道,生成天地萬物並支配它們運行,但他自身是虛無的,故無形、無功、無窮,超乎時空。

第三次,孔子問老聃遊心於虛無時的心境,老聃答之。兩人對話如下:

孔子曰:「請問遊是。」老聃曰:「夫得是,至美至樂也。得至美而遊乎至樂,謂之至人。」(《田子方》)

老聃回答:人若能虛心若鏡,就能超越世俗從感官刺激上對美、樂的追求,而達「至美之樂」的境界。而「至樂」產生於「至美」。莊子《至樂》,以「無為」為「至樂」。

　　道的境界，是「至美之樂」的境界，對道的追求，就是對「至美之樂」的追求。得道即得到了人生最美好的東西，實現了人生最高的目標而達「至人」的境界。

　　第四次，孔子請教「至美之樂」境界的方法，老聃再教之。對話如下：

> 孔子曰：「願聞其方。」曰：「草食之獸不疾易藪，水生之蟲不疾易水，行小變而不失其大常也，喜怒哀樂不入於胸次。夫天下也者，萬物之所一也。得其所一而同焉，則四支百體將為塵垢，而死生終始將為晝夜而莫能之滑，而況得喪禍福之所介乎！棄隸者若棄泥塗，知身貴於隸也，貴在於我而不失於變。且萬化而未始有極也，夫孰足以患心？已為道者解乎此。」（《田子方》）

　　先打比方說，吃草的野獸不怕變換草澤，生於水中的蟲子不怕變換水域。這是因為他們的生活環境雖有變化，但基本條件相同。同理，人所處的環境無論怎樣變化，但萬變不離大道。所以，人不要因為客觀環境的變化而有喜怒哀樂之情緒。天下萬物統一於道，得之便對萬物一視同仁。以道觀之，人的四肢百體無異於塵垢，死生終始無異於晝夜的變化，根本沒有甚麼東西足以擾亂人心，更談不上什麼禍福了。於是能「喜怒哀樂不入於胸次」，就是得「至美之樂」的方法。

　　第五次，孔子再請教「無為」之術。對話如下：

> 孔子曰：「夫子德配天地，而假至言以修心，古之君子孰能脫焉？」
> 老聃曰：「不然。夫水之汋也，無為而才自然矣。至人之德也，不修而物不能離焉。若天地之自高，地之自厚，日月之自明，夫何修焉？」
> （《田子方》）

　　孔子欽佩老聃之德佩天佩地，但誤以為聖人須借助聖人之言修養心性。老聃再為其解釋說：「至人之德即自然之道，本來就貫通萬物，無須有意培養，萬物離不開他。其道理就像水一樣，水之本性就是清澈。」再說：「水越靜止不動，越能顯示它清淨無為的本性，「無為而才自然」。至人之德就是「無為」，一切出於自然，順應自然，就像天之高，地之自然厚，日月之自然明一樣，無須任何人為的修飾。」

　　「無為」是打開大道之門，如何才能做到呢？《老子》第四十八章說：「為道者日損，損之又損，以至於無為，無為而無不為也。」「日損」，即一天天地拋棄功名利祿等雜念，直到「虛心若鏡」，就得道了。

結　論

在現實生活中，人們常常為生活空間的狹小而苦惱，為理想的破滅而傷感，為老之到來而煩惱。工作的繁忙，人際關係的衝突，壓得人喘不過氣來。若能得道、修道進入道的境界，人的精神就能超越時空，自由的揮灑生命的自如。就能達到「莊子超越時空的境界。」

參考書目

1. 《莊周夢蝶》陶少農編著，黃金文化事業公司，（2007 年 9 月初版一刷）。
2. 《莊子的智慧》張希烽，延邊大學出版，（1998 年 4 月初版三刷）。
3. 《中國哲學史話》吳怡、張啓鈞著，三民書局出版（2004 年 11 月三版）。
4. 《南華眞經注疏》唐西華法師成玄英疏，中華書局出版（1981 年 7 月）。
5. 《中國哲學史綱要》范壽康著，台灣開明書局，（1967 年三月二版）。
6. 《新譯莊子本義》水渭松注譯，三民書局，（2007 年 4 月）。
7. 《四書》宋，朱熹集注，林松、劉俊田、禹克坤譯注。
8. 《中國哲學史大綱》，蔡仁厚著，臺灣學生書局，（1999 年 9 月初版四刷）。
9. 《牟宗三先生全集》5，心體與性體（一）台北正中書局，（1968 年 5 月初版第一冊）。

附錄三：張載《西銘》畏天自保·樂天不憂——以盡天道之精神

一、前　言

　　張載（西元一〇二〇～一〇七七年）字子厚，學者稱橫渠先生。家世居大梁，父游宦卒官，諸孤皆幼，遂僑寓鳳翔郿縣的橫渠鎮。載少孤，能自立，志不群，喜歡談兵。當康定用兵時，年僅十八歲，慨然以功名自許，欲結客取洮西地。上書謁范仲淹，仲淹知其遠器，責之曰：「儒者自有明教可樂，何事於兵！」手中庸一卷，授焉，遂然志於道。已求之釋老，無所得，乃返求六經。他雖沒有和方外來往，但也曾在書本上對釋老下過功夫。

　　橫渠少濂溪三歲，而於二程為表叔。常坐虎皮，講經於京師（開封），從者甚多。有一次，張載在京師與二程兄弟論《易經》，次日，橫渠曰：「此見二程，深明易道，吾不及也，可往師之。」橫渠知道二程雖然是後輩，但講《易經》講得比他好，因此停止不講，叫學生跟從二程學習《易經》，其服善從公的胸襟，可謂是大君子之心矣。

　　橫渠曰：

> 學必如聖人而後已。知人而不知天，求為賢人而不求為聖人，此秦
> 漢以來學者之大蔽也。

他勉學者必至聖人而後已，不能以為賢人為滿足，表現出儒者的精神，可見其卓識與弘願。

　　又曰：

爲天地立心，爲生民立命，爲往聖繼絕學，爲萬世開太平。

他認爲，聖人爲天地立心，猶如孝子爲一家打點一切。聖人爲生民立命，正如孝子爲一家立家業。倘若無孝子，家便會離心離德，也會傾家蕩產。若無聖人，則天地之道將毀滅。張戴主張，「天地一家」，歸結爲一個孝字，天地的心靠人來完成，以此做爲學求道的目標。其學以易爲宗，以中庸爲的，以禮爲體，以孔孟爲極，成爲「關學」一派。他主要著作爲《正蒙》《西銘》。

張載的教學室內，有東西兩面的窗子，東西窗子上都有寫指導學生的文章，東面窗子上的叫《砭愚》（砭，音邊，原意是尖石，是醫療工具，引申爲改善之意；砭愚即改善愚頑者的意思。）西面窗子上的叫《訂頑》（也是改善愚頑者之意），後來程伊川叫這兩篇文章爲《東銘》和《西銘》（取其東西窗上的格言之意），故後來《宋元學案》也是以《東銘》和《西銘》稱呼此兩篇文章。但到了橫渠的學生編輯《正蒙》時，把此二文合併收入於《正蒙》中作爲最後一篇，並取其首二字稱爲《乾稱篇》。故現在的《張載集》是找不到叫《西銘》的文章，要找《正蒙》中的《乾稱篇》才找到。

《西銘》的形上內容較多，伊川比較重視形上學部份，多講《西銘》，所以《西銘》遠較《東銘》著名。當然，還有就《西銘》提出了「民胞物與」的理想，成爲中國文化的大同理想的典型。二程以《西銘》開示其學。
程明道說：

> 《訂頑》一篇，意極完備，乃仁之體也。學者其體此意，令有諸己，其地位已高，不可窮高極遠，恐于道無補也。
> 《西銘》某得此意，只是須得他子厚有此筆力，他人無緣做得。孟子以後，未有人及此。得此文字，省多少言語。（《河南程氏遺書》卷二上〈元豐己未呂與叔東見二先生語〉）

程伊川說：

> 《訂頑》之言，極純無雜，秦、漢以來學者所未到。
> 孟子而後，卻只有〈原道〉一篇，其間語固多病，然要之大意盡近理。若《西銘》，則是〈原道〉祖宗也。〈原道〉卻只說到道，原未得《西銘》意思。據子厚之文，醇然無出此文，自孟子後，蓋未見此書。（同上）

二程如此看重《西銘》可見，《西銘》經程門表彰，實際已與論語、孟子、大學、中庸具有同等地位，成爲洛、閩學者認識「聖門蹊徑」的「初學入道之門」。

二、天道性命相貫通

天道性命相貫通乃宋、明儒共同之意識，亦是由先秦儒家之發展所看出之共同意識，不獨橫渠爲然。所謂天道性命相貫通，或通而爲一，是認爲一切存在的超越根據的天道，即是吾人之性，即人是以天道爲性的，人可以實現如天道生化一切之創造性的活動與價值。這是宋明儒者普遍的說法，但以張橫渠表達得最清楚透徹。〔註1〕張橫渠《正蒙‧誠明篇》云：

> 「天所性者通級於道，氣之昏明不足以蔽之；天所命者通極於性，
> 遇之吉凶不足以戕之。」

此是說明人的本性，其根源通於道，亦即天道便是吾人之性，道體之作用是創生萬物，是創造性的實體，而性體的創造性是道德行爲。即是道在吾人生命中以道德行爲之引發來表現其創造性。此性體是超越之性，張橫渠稱之爲「天地之性」，是人人本自具足的，雖然人的氣質有昏明不同，但都不足以障蔽此性，只要人能自覺內省、肯爲善，則此道德必俱備創造性。這才是人之眞性，而氣性不是眞正之人性也。這是氣質之性與天地之性的區分，也是橫渠先生首先提出的。

天所命者通極於性，遇之吉凶不足以戕之。是區分兩種的命，一是命令之命（道德的命令），一是命限之命（命運之命）。天所命令於我，是不能違背的，天之命令落實在性上說，即天命在我的性中見到。由吾道德之性所自發的道德命令，便是天之命令。道德的命令，是無條件的律令，道德律令的要求，是人責無旁貸的義務，如同天的命令，是人所不能違反的。雖然人的遭遇，無法預料，人是有限的存有，成敗得失，窮兇富貴，非自己能決定，故有命限。但人須以發之於性「道德命令」爲命，遵守行之，不因吉兇禍福的不同而有所改變。

三、天道在人

《西銘》首句：

> 乾稱父，坤稱母；予茲藐焉，乃混然中處。故天地之塞，吾其體；
> 天地之帥，吾其性。民吾同胞，物吾與也。

乾稱父，坤稱母

「乾」代表天，「坤」代表地，乾坤即天地，天地是我們人類的父母，是萬物的父母。這個天地不是自然天，不是指大自然，而是指「天道」，乾坤就

─────────────────
〔註1〕牟宗三先生全集5，心體與性體（一）。

是指「天道」，天道是萬物的根源，因此稱天地為父母。「乾坤」的思想是來自《易傳》，《易傳》講的乾卦和坤卦，就是天道的內容，所以都以乾坤代表天道。稱「天道」為父母，是一個比喻，比喻萬物的根源是天道，此即是《易傳》「大哉乾元，萬物資始」的意思。張載所講的「乾稱父，坤稱母」所關心的世界，不是科學的世界，而是以天道作為萬物的根源，中國哲人關心的問題是人怎樣才可生活在一個美好價值的世界之中，即怎樣才可以生活和諧開心的問題。萬物也是這個美好世界中的有價值的事物，天道是這些事物之所以有價值的根源。所以這個天道不是一個外在的存在，而是存在人的心中。

予茲藐焉，乃混然中處。

藐，高遠的意思，即形容這個乾坤所代表的天道，從萬物根源這形上觀念來看，好像很高遠似的。天道，不是高高在上嗎？正正不是，原來這天道就在人心中。所謂「混然中處」，即是不分解地、整體地，就處於人心之中。所以張載繼承了《易傳》的講法，由天道開始講，一下就落到人之中，由天到人，不是外在的天，不是與人對立的天，天道就在人心裏。所以這個天道不是西方哲的形而上學，而是貫通天人的中國的形而上學。

故天地之塞，吾其體；天地之帥，吾其性。民吾同胞，物吾與也。

塞是要塞，即重要的地點。天道之重要之處就在我們的身體之內，天道在人之心中。天地之統帥就是人之性，道的主體就是人性。天道就是人性，就其形而上而言，是天道，就其作為統帥的身份而言，就是人性。人都有人性，萬民就好像我的同胞，萬物都有我參與其中。萬物都源自這個天道，天道又在人心內，則萬物都有人心的參與。人與其他人因天道和人心而有所感通，所以人和其他人如兄弟同胞一樣，萬物也因人心、天道而有所感通，而使萬物的價值呈現出來。這是人的參與，所以天道、萬物最後都必須要有人心參與其中，天道、萬物、人心是相貫通而非互為外在的。所以「民胞物與」是儒家的和諧價值的世界觀，也是形而上的道德理想，也是現實的人間理想境界，因此成為歷來儒家的理想生活形態的代表。

四、民包物與

《西銘》跟著云：

> 大君者，吾父母宗子；其大臣，宗子之家相也。尊高年，所以長其
> 長；慈孤弱，所以幼〈吾〉幼。聖其合德，賢其秀也。凡天下疲癃

殘疾、惸獨鰥寡，皆吾兄弟之顛連而無告者也。

大君者，吾父母宗子

具體的說明人怎樣視其他人如兄弟同胞。天下人都好像我的兄弟，只是兄弟的際遇各有不同。作為君主者，好像家中的長子，長子就是繼承父母之業的宗子，要負責管理家業，君主就是代表天道的管理者，他要負起管理天下的責任。他管理天下之地位並非高人一輩，而是和人民好像兄弟一般，責任和其他有些不同，分配到不同的工作而已。

其大臣，宗子之家相也

而大臣就好像家相，協助宗子管理家業。天下就好像一個家庭，天下人民就好像兄弟，大家齊心盡自己的責任，協力管治好天下。這是孔子「**君君、臣臣、父父、子子**」的觀念，君要盡君的責任，臣要盡臣的責任，父要盡父的責任，子要盡子的責任，並不是說君高於臣，父高於子，而是各盡其責，這是正名分思想的主要內容。橫渠的意思也是繼承這種想法，大君不是高於大臣，宗子不是高於家相，其實大家是同輩兄弟，只是角色不同，協力令天下大同，人人和諧共處，所以橫渠才要用「同胞」來比喻。

尊高年，所以長其長；慈孤弱，所以幼〈吾〉幼。

尊敬年長者，慈愛孤弱者，孟子「**老吾老，以及人之老**」「**幼吾幼，以及人之幼**」的思想，是由自己的最親近的關懷，推擴出去而起的關心。所以這種視天下人為兄弟的思想是建基於自己最親切的體驗，因為自己有這種切身的體會，所以才會這樣體諒別人，並非空喊口號，和墨子的兼愛主張不同，不是隨意可說所有人是「同志」的。

聖其合德，賢其秀也

真正做到時時盡自己的責任，又能常常尊敬年長者，慈愛孤弱者的人，就是聖人。我們自問，是否真的時時做到？這是非常困難的道德實踐，理論上人人可以做到，但實際上是有無限困難，所以道德實踐便有高下之別。聖人就是都能做到這些德行的人，賢人就是未必一定都能做到，但是其中做得傑出的人。

凡天下疲癃殘疾、惸獨鰥寡，皆吾兄弟之顛連而無告者也

癃，音隆，年老骨質疏鬆，導致腰曲而背部隆起的意思。惸，音瓊，無兄弟的人稱為惸，亦寫作煢。獨，老而無子的人稱為獨。顛連，困苦的意思。

即是指前面所說的人是我的兄弟中那些困苦而無法申訴的人。這是由自己最親切的感受推出去，而感受到困苦中的人的悲慘，本心自覺不忍，把困苦的人都視如自己的兄弟受苦一般。這是仁心的推擴，也是仁心的表現，也就是天道的表現。因此在仁心下視爲兄弟，也就是在天道下彼此成爲兄弟了，也就是「民吾同胞」的精神。

五、治國之本『孝』

橫渠由天道講到人道，由治天下講到孝道。這是由上而下，由外在表現反省到內在根據的表述方式，這是典型的宋明理學初期的著重天道論形態的表述方法，周濂溪如是，張橫渠如是。但無論怎樣表述，總是要歸結到人的本心，人內在的眞誠，橫渠在《西銘》便是以孝來說明這眞誠。《西銘》云：

> 于時保之，子之翼也；樂且不憂，純乎孝者也。違曰悖德，害仁曰賊；濟惡者不才，其踐形，唯肖者也。知化則善述其事，窮神則善繼其志。不愧屋漏爲無忝，存心養性爲匪懈。

于時保之，子之翼也；樂且不憂，純乎孝者也。

「于時保之」出自《詩經・周頌・我將》，孟子曾引用。《孟子・梁惠王下》孟子用來解釋「樂天」和「畏天」的分別。《孟子》云：

> 齊宣王問曰：「交鄰國，有道乎？」孟子對曰：「有。惟仁者能以大事小；是故：湯事葛，文王事昆夷。惟智者爲能以小事大；故大王事獯鬻，句踐事吳。以大事小者，樂天者也；以小事大者，畏天者也。樂天者保天下，畏天者保其國。詩云：『畏天之威，於時保之。』」

孟子對齊宣王解說與鄰國相交之道，認爲仁者才能以大國身份來事奉小國，智者則會以小國身份事奉大國。仁者是樂天，是樂於行天道，自然的順行天道，如能做到「樂天」，則能夠「保天下」，即仁者以德服人，順天道而行，自然能保有天下。智者是聰明的，懂得敬畏，小國事奉大國，這是可以「保其國」，是保有自己國家安全之道。即是說仁者如能順天道而行，推擴至治理國家天下的範圍，則能夠保有天下。在儒家的德治理想底下，畏天者自然不及樂天者，畏天者只是爲自己，只是小聰明，樂天者爲天下，是大智慧。所以「畏天之威，于時保之」只是能保自己，這種智慧只可作輔助，未及樂天者。

「樂且不憂」，即《論語》云：「仁者不憂」，仁者樂而不憂。因爲仁者是

順天道而行，因此能樂，不憂。這樂且不憂的境界，其實是就好像孝那樣純化的行為，完全是出自人之仁心的境界。做到這樣的境界才是真正的仁者、樂天者，也是真正能保有天下的人。所以視天下人民為同胞，是仁者才能做到，也是仁者仁心的純粹的表現。橫渠想表達的是仁者的表現是真心的表現，而真心最切近的體會是孝，所以不論是天下或國家，都要由最具體的、最切近的孝開始，而不是一開始就是視天下人為兄弟。因此下文橫渠舉出數個著與孝有關的例子。

「違曰悖德，害仁曰賊；濟惡者不才，其踐形，唯肖者也。」

若違背這真正仁心，只是虛情假義，這就是「悖德」。損害仁心表現的稱為「賊」。協助作惡者都是些不才的人。他們的所謂實踐仁心，孟子曰：「形色，天性也。惟聖人然後可以踐形。」踐形，原本是聖人真切的表現，但可惜現實上，統治者總是說為人民著想，而其實有私心，他們所謂「踐形」，只是外形上相似而已，並不是真心的仁者。

知化則善述其事，窮神則善繼其志。

「窮神知化」是《易傳》的內容，「善述其事」和「善繼其志」是《中庸》的內容。橫渠也和濂溪一樣，以《中庸》配合《易傳》來解釋。

《繫辭下》：「窮神知化，德之盛也。」

《中庸》：「子曰：武王、周公，其達孝矣乎！夫孝者：善繼人之志，善述人之事者也。」

橫渠根據《中庸》，舉出治國者、治天下者的武王、周公，就是以真心表現孝的人，因為他們能孝，所以能善於繼承，善於表述，能以真心對待他人，尊重他人。因為能「善述其事」就是「知化」，能「善繼其志」就是「窮神」。所謂「窮神知化」其實都是對德行的描述，即所謂「德之盛」，人的品德如能充份表現，便能對千變萬化的經驗事物作出恰當的回應，此所謂「窮神」。「窮」是究極的表現，「神」是神感神應。「知化」則是知道、掌握經驗世界的變化。即是只有「德之盛」的人，才有能力「窮神知化」，有「窮神知化」者便可治理天下為聖王，而聖王的基礎其實是在「善繼人之志」、「善述人之事」的孝道。

不愧屋漏為無忝，存心養性為匪懈。

「不愧屋漏」出自《中庸》：

《詩》云：「相在爾室，尚不愧于屋漏。」故君子不動而敬，不言而

信。（三十三章）

《中庸》引用《詩・大雅・抑》的句子。屋漏，古代房子西北角設有小帳的地方。古人把床設在北窗旁，西北角上設有天窗，日光可由此天窗照入房間，所以稱西北角為「屋漏」。由於有日光所到，也相傳是神明所在，故設有小帳。所以「屋漏」是光明或神明的意思。《詩經》的意思是，君子為人要好像有人看著你的居室一樣，無愧於神明，心地光明。

「無忝」出自《尚書・周書・君牙》，「無忝祖考」，即不要辱沒祖先父母。以《中庸》的「不愧屋漏」來解釋「無忝」，即是說明甚麼是真正的孝，真正的孝是由自己的本心出發，是無愧於神明的表現，不是做給人看，不是看來像樣而已，而是發自真心的。《論語》：「孝弟也者，其為仁之本與。」也是說孝是「為仁」實踐仁的基本步驟，「為仁」雖然大者可以治國家，但都要由親近的孝做起。

「存心養性」出自《孟子》：

> 孟子曰：「盡其心者，知其性也。知其性，則知天矣。存其心，養其性，所以事天也。殀壽不貳，修身以俟之，所以立命也。」

孟子說盡心知性知天，存心養性事天。就是要我們存良心，培養善性，這就事奉天的工夫。所以天道就在人心裏，我們只要存心養性便是實踐天道。橫渠說存心養性就是不鬆懈，這是相對當時的工夫而說。宋代流行的工夫，受佛教影響，著重小心翼翼的實踐道德，無一刻鬆懈，尤其是面對外界不同事物的不同誘惑。這個花花世界有太多的誘惑，一不小心，我們便墮入罪惡之中。所以人的修養工夫是每一行事都要求小心，要求自己把外界的誘惑從心中去除，所以流行靜坐修煉等小心不鬆懈的工夫。但現在橫渠主張的不是這種流行的工夫論，而是返回孟子的「存心養性」，只要我們做回存心養性的工夫，讓我們的心性能自然流露，自然表現，便是不鬆懈了。所以不是特別的外在修養工夫，而是返回人自己的內心，自然存心便是不鬆懈的工夫。以下所說便都是善於存心養性，實踐孝道又能治天下的人。

橫渠一連舉了六人作為孝的例子，包括：大禹、穎考叔、帝舜、申生、曾參和尹伯奇。《西銘》云：

> 惡旨酒，崇伯子之顧養；育英才，穎封人之錫類。不弛勞而底豫，舜其功也；無所逃而待烹，申生其恭也。體其受而歸全者，參乎！勇於從而順令者，伯奇也。富貴福澤，將厚吾之生也；貧賤憂戚，

> 庸玉女於成也。存，吾順事，沒，吾寧也。
>
> 惡旨酒，崇伯子之顧養；育英才，穎封人之錫類。

這句說了兩個由孝父母而治天下的例子：大禹和穎考叔。崇伯是鯀，崇伯的兒子是大禹。孔孟都對大禹加以讚美：

> 子曰：「禹，吾無間然矣！菲飲食，而致孝乎鬼神；惡衣服，而致美乎黻冕；卑宮室，而盡力乎溝洫。禹，吾無間然矣！」（《論語‧泰伯》）

孔子認為禹的品行好到沒法法批評了。自己只吃菲薄的飲食，卻把祭品辦得極豐厚來孝敬祖先。祭祀時穿的禮服和帽。自己穿得很差，卻把祭祀的衣服做得極華美。自己住得很卑微簡陋，卻盡力來搞好農田水利。所以對於禹，孔子也沒法批評了。禹之所以能治理天下，最初也是由孝開始做起，是真心的具體的表現，不是抽象的觀念，所以孔子大讚。

孟子曰：「禹惡旨酒而好善言。」（《孟子‧離婁下》）

旨酒，即美酒（常用婚聯中有「幸有香車迎淑女，愧無旨酒宴嘉賓」）。孟子認為禹不喜歡美酒而喜歡善言。孔孟都認為大禹是至孝之人，也是能管理天下之人。孔孟謂大禹不喜歡美酒美食，其實不是不喜歡，而是有更重要的工夫要做，就孝順祖先，喜好善言，所以橫渠認為大禹是善存心養性之人，自然能厭惡美酒者，而能照顧家人，養育百性。

穎考叔事跡見《左傳‧隱公》：

> 遂寘姜氏于城穎，而誓之曰：「不及黃泉，無相見也！」既而悔之。穎考叔為穎谷封人，聞之，有獻於公。公賜之食。食舍肉。公問之。對曰：「小人有母，皆嘗小人之食矣；未嘗君之羹，請以遺之。」公曰：「爾有母遺，繄我獨無！」穎考叔曰：「敢問何謂也？」公語之故，且告之悔。對曰：「君何患焉？若闕地及泉，隧而相見，其誰曰不然？」公從之。公入而賦：「大隧之中，其樂也融融。」姜出而賦：「大隧之外，其樂也洩洩。」遂為母子如初。君子曰：「穎考叔，純孝也，愛其母，施及莊公。《詩》曰：『孝子不匱，永錫爾類』，其是之謂乎！」（《左傳‧隱公》）

鄭莊公把母親驅逐到穎城，還發誓說不到黃泉不相見，說完便感到後悔。穎考叔聽到，便想獻計給莊公，莊公賜給他食物，但穎考叔剩下肉不吃。莊公問他，考叔回答：「小人有母親，我的食物她都試過，但未曾吃過國君的食物，

所以想給她吃。」莊公：「你有母親可以給，但我卻沒有！」考叔問：「敢問
爲甚麼這樣說？」莊公告訴他原故，並且說感到後悔。考叔說：「君主你何需
憂心？你可以掘地到達黃泉那麼深，在隧道內相見，又誰說不可呢？」莊公
聽從他的話去做。莊公進入後賦詩說：「大隧之中，其樂也融融。」莊公母親
姜氏出來也賦詩說：「大隧之外，其樂也洩洩。」以後母子和好如初。後人評
論說：「潁考叔的純孝，對母親的愛，影響及於莊公。所以《詩經》說：孝子
一代接一代，上天會永遠賜給你福氣。就是這個意思了。橫渠引潁考叔故事，
說明要治理天下治理得好，要愛人民如若同胞，就要由最切近的親情做起，
由孝順父母做起，由始推擴出去，才眞正的治理天下。

不弛勞而底豫，舜其功也；無所逃而待烹，申生其恭也。

「不弛勞而底豫」是孟子對舜的評價，孟子曰：「天下大悅而將歸己，視
天下悅而歸己，猶草芥也，惟舜爲然。不得乎親，不可以爲人；不順乎親，
不可以爲子。舜盡事親之道而瞽瞍底豫。瞽瞍底豫而天下化；瞽瞍底豫而天
下之爲父子者定。此之謂大孝。」（《孟子·離婁上》）

孟子認爲一個眞正的君主，是天下人心悅誠地歸附自己，但君主自己會
把天下人歸附自己這件事視如草芥，舜就是眞正這樣做到的人。未懂得在家
事奉父母，即不懂做人，不懂得孝順父母，即不懂做兒子。舜竭盡全力侍奉
父母而使瞽瞍得到歡樂，由瞽瞍得到歡樂而使天下人受感化，瞽瞍得到歡樂
而給天下當父子的確立了秩序，這就叫大孝。舜一人盡孝，天下受化，故曰
「舜其功也。」

申生，晉獻公將殺其世子申生，公子重耳謂之曰：「子蓋言子之志於公
乎？」世子曰：「不可，君安驪姬，是我傷公之心也。」曰：「然則蓋行乎？」
世子曰：「不可，君謂我欲弒君也，天下豈有無父之國哉！吾何行如之？」
使人辭於狐突曰：「申生有罪，不念伯氏之言也，以至于死，申生不敢愛其
死；雖然，吾君老矣，子少，國家多難，伯氏不出而圖吾君，伯氏苟出而圖
吾君，申生受賜而死。」再拜稽首，乃卒。是以爲「恭世子」也。（《禮記·
檀弓上》）

申生是太子，驪姬想立自己的兒子奚齊做太子，便誣告申生，向晉獻公
說他想謀殺父親（即晉獻公）。獻公聽從驪姬的話，想殺太子申生，二公子重
耳（即後來春秋五霸之一晉文公）對申生說：「何不向父親申訴自己的冤屈
呢？」申生說：「不可，父親有驪姬才開心，如告發驪姬會傷父親的心。」重

耳說：「那麼逃走行嗎？」申生：「不行，父親說我想殺他，天下難道有一個沒有父親的國家可容納我這個殺父的人嗎？我可那裏去呢？」申生派人告訴師傅狐突（字伯行，故申生又稱他爲伯氏）：「申生現在有罪，是因爲不聽伯氏你的話，所以才至於死。申生不敢貪生怕死，但父親老了，其他兒子又小，國家正值多難之秋，伯氏你又不肯出來爲父親圖謀出策，伯氏你如果肯出來父親策劃，申生願受賜而死。」申生行再拜叩頭之禮，然後受死。因此被稱爲「恭世子」。父親雖不是，但申生仍願盡孝道，以父親，以國家爲己任，不顧自己生死，念念爲父親、爲國家，以此爲孝的代表。這做法是否愚孝，以現代道德標準，當然可以爭論，但橫渠所舉，是指其孝的精神，申生就是因爲先明白孝，因此明白國家天下，關顧於國家天下。

體其受而歸全者，參乎！勇於從而順令者，伯奇也。

橫渠最後兩個例子是曾參和尹伯奇。

孔子弟子曾參，禮記祭義戴樂正子春之云：「吾聞之曾子，曾子聞諸夫子曰：天之所生，地之所養，人爲大。父母全而生之，子全而歸之可謂孝矣；不虧其體，不辱其親，可謂全矣」。所謂「全」，非但不虧其體，還須不辱其親，要不辱其親，自必謹言行，全志節而後可。曾子臨終啓手足，而曰「吾知免夫」！所謂「免」，不但指手足形體之免於毀傷，亦函有「免於罪戾而行可寡過」之意。〔註1〕

《宋元學案‧橫渠學案上》張橫浦曰：……伯奇，尹吉甫之子；吉甫惑于後妻，虐其子，無衣無履而使踐霜挽車，伯奇順父之令，無怨尤于天地，是乃若伯奇之孝也。尹伯奇被父放逐而順從父親的命令，因而成爲孝的代表。韓愈作一首《履霜操》來說此事，詩云：「父兮兒寒，母兮兒飢。兒罪當笞，逐兒何爲。兒在中野，以宿以處。四無人聲，誰與兒語。兒寒何衣，兒飢何食。兒行於野，履霜以足。母生眾兒，有母憐之。獨無母憐，兒寧不悲。橫渠以伯奇之順從父母之命爲勇。」

富貴福澤，將厚吾之生也；貧賤憂戚，庸玉女於成也。存，吾順事，沒，吾寧也。

富貴福澤可使人的生命潤厚（厚生），貧賤憂戚能成就（玉成）人作爲人。無論是富貴或貧賤，都是客觀限制，是命，不是人所控制，人在這裏是求不

〔註1〕《宋明理學》北宋篇92頁，蔡仁厚撰述，學生書局2002年八月第八刷。

得，但人之所以為人就是不受這些客觀限制所限制，人可藉著這些客觀限制來完成自己，完成一個人的價值。人最重要的不是他的客觀限制，因為客觀限制不是由他自己來負責。在那裏出生，在甚麼環境出生，有些甚麼樣的父母，都不是你能控制的。這些都是命。人應重視的是人的價值，人的價值是由自己掌握的，人能自己掌握的領域不是命，而是人自己的本心。人不能決定客觀環境，但人能決定自己如何對待客觀環境。人不能決定命，但人能決定自己如何對待命，這是中國人自古最關注的問題。

孔子云：「富而可求也，誰執鞭之士，吾亦為之。如不可求，從吾所好。」（《論語·述而》）

孟子云：「富貴不能淫，貧賤不能移，威武不能屈，此之謂大丈夫也。」（《孟子·滕文公下》）

吾們無法選擇父母，有不是的父母，但人的價值不取決於父母是怎樣，而是自己如何對待這樣的父母，這就是為甚麼儒家重視孝的原因。因為孝不孝是由自己決定，是由自己的本心出發的，這是「求則得之，捨則失之」，求之於己的。人在這裏便能自己決定自己，自己完成自己。所以在裏橫渠便可以回應孟子的存心養性了。即是說：「生存或死亡，我都順從、安寧。」這裏著重於順從，但這是順從人自己的本心，而不是盲目順從父母。人的形軀的存在與否，和富貴貧賤、客觀遭遇一樣，並不是人的價值所在，所以都是不被重視。應被重視的是人如何對待這些生死際遇，是否順從本心才是人的價值所在。如果人順從心，則就算死也是安寧的。

六、結　論

最後，橫渠以如何面對生死作結，即是說從縱線講，乾坤天道最也是表現在人的心上，由天到人，也由人才能表天。至於從橫線講，則由近至遠，由孝親而至治天下，視天下人為同胞，天下物皆有我參與。這是橫面的推開去，最終也是想說明這「民胞物與」的人生理想。《西銘》不是一篇論證，不是要證明有天道存在，也不是要證明人有道德心，也不是要證明世間有客觀的道德標準，更加不是宣傳傳統禮教規條，而是要表明一種人生態度，一種儒家的人生態度，一種民胞物與的儒家理想。

參考書目

1. 《張子正蒙》張載撰，王夫之注，上海古籍，2000。
2. 《張載集》張載著，中華書局，1978。
3. 《橫渠易說導讀》丁原明著，齊魯書社，2004。
4. 《孟子譯注》金良年著，上海古籍，1995。
5. 《近思錄集注》江永注，上海書店，1987。
6. 《近思錄》朱熹、呂祖謙編訂，陳永革注評，江蘇古籍，2002。
7. 《中國古代儒家語錄四書》侯仰軍、張勃、張秋升評注，山東友誼，2001。
8 《增補宋元學案》四部備要版，台灣中華書局。
9. 《心體與性體》（一）牟宗三著，台二版，台北：正中書局，1968。
10. 《宋明理學》北宋篇 蔡仁厚撰述，學生書局 2002 年八月第八刷。
11. 《張載哲學與關學學派》陳俊民著，台北：台灣學生書局，1900 年初版。
12. 《宋明理學概述》錢穆著，台北：台灣學生書局，1992 年第四次印刷。

附錄四：王陽明學說之大要

前 言

　　明代思想家王守仁（西元一四七二～一五二八年），字伯安，浙江餘姚人，世稱陽明先生。曾官拜至兵部尚書，在政治、軍事上都有很大的建樹，他即是名儒，又是軍事家，在儒學上，是罕見的。少年時便立志做聖賢，早年篤信程朱之學，以爲通過格物可以悟出生命的眞理，在二十一歲時作格物功夫，格門前竹而不得理，終無所穫反致大病。後好詞章文學，又轉入佛老之學，後因得罪宦官劉瑾，被貶貴州 龍場，待身心受盡折磨後，方悟出「知行合一」人生至理。他的學術思想主要表現於（《傳習錄》及《大學問》兩篇內）。提倡「心即理」「知行合一」之說，晚年提出「致良知」教人，爲人人皆可爲聖人之說，陽明學說，風行天下，成爲明代哲學的中心人物。

一、心即理

　　王陽明發揚了象山派的「心即理」之說，他說「知善知惡是良知」，認爲心有良知，自能分辨善惡，故人心之良知即天理 ，人心所好所即非。他批評朱子的「性即理」之說，爲人會好生惡死皆因人心有好惡，而非朱子所說的在未有生命，心好惡之前，便先有了理。陽明認爲萬事萬物若不經心去認知，便不存在，離開了心，便沒有天地鬼神萬物，離開了天地鬼神萬物，便沒有心。他認爲「吾心即物理，初無假於外也」，即天下無心外之物、理，是非標準皆存於心。

　　陽明論「心即理」之義云：

愛問：「知止而后有定，朱子以爲事事物物皆有定理，似與先生之說
相戾。」先生曰：「於事事物物上求至善，卻是義外也。至善是心之
本體，只是明明德到至精至一處便是，然亦未嘗離卻事物，本註所
謂『盡夫天理之極而無一毫人欲之私』者得之。」（《傳習錄》上）。

按朱子《大學或問》論「知止而后有定」句云：「蓋明德新民，固皆欲其止於
至善，然非有以知夫至善之所在，則不能有以得其所當止者而止之。如射者
欲其中夫正鵠，然不先有以知其正鵠之所在，則不能有以得其當中者而中之
也。知止云者，物格知至，而於天下事，皆有以知其至善之所在，是則吾所
當止之地也。能知所止，則方寸之間，事事物物皆有定理矣。」依朱子之意，
須先知至善之所在，然後才可以得其所當止，而必須通過格物致知的功夫，
人才可以知道事事物物之理，即「至善所在」。

陽明認爲這樣的說法是「求理於外」，爲義外之理論。他認爲求理於外物，
是不能明理的，要明理，須從心上求，使心恢復其本體，心能恢復本體，理
便呈現，便是「至善所在」。

愛問：「至善只求諸心，恐於天下事理有不能盡。」先生曰：「心即理也，
天下又有心外事，心外之理乎？」愛曰：「如事父之孝，事君之忠，交友之信，
治民之仁，其間有許多理在，恐亦不可不察。」先生嘆曰：「此說之蔽久，矣
豈一語所能悟；今姑就所問者言之。且如事父不成去父上求簡孝的理，事君
不成去君上求簡忠之理，交友、治民不成去友上民上求簡信與仁的理；都只
在此心。心即理也，此心無私欲之蔽，即是天理，不須外面添一分。以此純
乎天理之心，發之事父便是孝，發之事君便是忠，發之交友、治民便是信與
仁，只在此心去人欲、存天理上用功便是。」（《傳習錄》上）

徐愛的問題，是一般人很容易就會懷疑。天下的事物繁多，應該如何處
之，有許多理在，若只求於諸己，恐不能盡。但道德之理，並不在事物上，
而是由心所發。事父事君之理，不能從君、父身上尋求，而只可以在自給己
的心中發見。

陽明此見，猶如孟子所說的「且謂長者義乎？長之者義乎？」之意。從
長者身上，並不能找到我應去「長之」的理，而是在我內心若有敬意，自然
會見到長者即會長之。故只要本心呈現，遇事自然會有恰當的行爲出現，如
見父則孝，見兄則弟，只要無所蔽，理之表現便會無窮無盡。故吾人不當擔
心不能明理，而須擔心此心爲私欲所蔽。

二、知行合一

陽明於龍場悟後一年，便倡「知行合一」之說。此說是針對朱子的知先行後之論而發的。

王陽明認為：「知是行之的主意，行是知的功夫，知是行之始，行是知之成。」「若會得時，只說一個知，已自有行在，只說一個行，已自有知在。」說明了「知行合一」緊合而不可分。他舉例說明說若想知道水溫度，便需伸手觸摸，否則不可知。又舉例說明，「眞知即所以為行，不行不足謂知。」如人人皆知要孝順，卻遲遲未行動，則算不上眞的知道，即「知而不行，只是未知」。

愛因未會先生知行合一之訓，與宗賢、惟賢往復辯論，未能決，以問於先生。先生曰：「試舉看。」愛曰：「如今人儘有如知得父當孝，兄當弟者，卻不能孝，不能弟，便是知與行分明是兩件。」先生曰：「此已被私欲隔斷，不是知行的本體了。未有知而不行者；知而不行只是是未知。聖賢教人知行，正是要復那本體，不是著你只恁地便罷。故大學指箇眞知行與人看，說『如好好色，如惡惡臭。』見好色屬知，好好色屬行，只見那好色時已自好了，不是見了後又立箇心去好。聞惡臭屬知，惡惡臭屬行，只聞那惡臭時已自惡了，不是聞了別立箇心惡。、、、、、

就是稱某人之知孝，某人知弟，必是其人已曾行孝行弟，方可稱他知孝弟，不成只是曉得說些孝弟的話，便可稱為知孝弟。又如知痛，必是已自痛了方知痛；知寒，必已自寒了；知餓，必已自餓了，知行如何分得開？此便是知行的本體，不曾有私意隔斷的。聖人教人，必要是如此，方可謂之知，不然只是不曾知。此卻是何等緊切著實的功夫！如今苦苦定要說知行做兩箇，是甚麼意？某要說做一箇是甚麼意？若不知立言宗旨，只管說一箇兩箇，亦有甚用？」（《傳習錄》上）

徐愛說的是人人都知孝知知弟，卻不能孝不弟，此即是能知不能行。陽明則認為，知而不行，那是被私欲隔斷，非知之本體。所謂知行之本體，是說本心呈現的知理之知，就是眞貫創生之知，而此知一定產生眞正的道德行為。即此知是孟子所說之良知，而行即孟子所謂之良能。

孟子說：

> 人之所不學而能者，其良能也；所不慮而知者，其良知也。孩提之童，無不知受其親者；及其長者也，無不知敬其兄者。親親，仁也；

敬長，義也。達之天下也。（〈盡心〉上）

知孝知敬是良知，而此知孝知敬之知，涵能敬孝能孝之良能，在此道德實踐的知與行上說，沒有知而不能行，若知而不行，只是未知，是良知尚未眞的呈現。如果良知呈現，就沒有不實踐道德，若不實踐道德，乃是「非不能也，是不爲也」。所以陽明知行合一的知行本體，即是孟子所說的良知良能。

三、良知及致良知

陽明認爲「心即理」及「知行合一」之意義，都可收攝在良知上，良知即天理，並提出「要致良知」，充分地突出了個人在宇宙中的地位與價值，確立了道德直覺主體的理論。他認爲一個只要能夠致良知、知盡善行善，就算沒有高深的學識，財富和地位，也有高尚得價值。

陽明主張天理及一切道德標準，皆存於人心，不用向外求取，只要致良知，憑良知判斷社會禮教的對錯，若是錯的禮教，則不用導從，而應反對它。這打破了程朱學說的疆化、煩瑣，並較易實行，故深受士人歡迎。

陽明的弟子王龍溪言：

> 何謂知行何一？有本體，有工夫。聖人之學，不失其本心而已。心之良知謂之知，心之良能謂之行。孟子只言知愛知敬，不言能愛能敬。知能處即是知，能知處即是能，知行本體原是合一者也，知之眞切篤實處謂之行，行之明覺精察處，謂之知。知行的功夫，本不可離，只因後世學者分作兩截用功，故有合一之說。知非篤實，是格作正字義物作事字謂虛妄，非本心之知矣。行非精察，是謂昏冥，非本心之行矣。故學以不失其本心者，必盡其知行合一功，而後能得其知行合一之體。（〈達吳悟齋〉，《王龍溪全集》，卷十）

龍溪此段話，是從本心之良知良能說知行便合一。本心的良知之知，便能涵良能之能，故曰：「知能處即是知，能知處即是能。」此知便是本體。陽明的致良知之義，在他對《大學義》的格物致知中，做非常詳細詮釋，以下是陽明格物之說法：

> 先儒解「格物」爲「格天下之物」，天下之物如何格得？且謂一草一木皆有理，今如何去格？縱格草木來，如何反來誠得自家意？我解「格」作「正」字義，「物」作「事」字義。大學之所謂「身」，即耳目口鼻四肢是也。欲修身便要目非禮勿視，耳非禮勿聽，口非禮

勿言，四肢非禮勿動。要修這箇身，身上如何用得功夫？

心者身之主宰，目雖視而所以視者心也，耳雖聽而所以聽者心也，口與四肢雖言動，而所以言動者心也。故欲修身，在體當自家心體，常令廓然大公，無有些子不正處。主宰一正，則發竅於目自無非禮之視，發竅於耳目自無非禮之聽，發竅於口與四肢自無非禮之言動，此便是修身在正其心。

然至善者，心之本體也，心之本體那有不善？如今要正心，本體上何處用得功？必就心之發動處纔可著力也。心之發動不能無不善，故須就此著力，便是在誠意。如一念發在好善上，便是實實落落去好善。一念發在惡惡上，便實實落落去惡惡。意之所發既無不誠，則其本體如何有不正的？故欲正其心在誠意，功夫有誠意始有著落處。

然誠意之本，又在於致知也。所謂人不知而己所獨知者，此正是吾心良知處。然知得善，卻不依這箇良知便做去，知得不善，卻不依這箇良知便不去做，則這箇良知便遮蔽了，是不能知也。吾心良知既不能擴充到底，則善雖知好，不能著實好了，惡雖知惡，不能著實惡了，如何意誠？故致知者，意誠之本也。

然亦不是懸空的致知，致知在事實上格。如意在於為善，便就這件事上去為，意在於去惡，便就這件事上去不為；去惡固是格不正以歸於正，為善則不善正了，亦是格不正歸於正也。如知此則良知無私蔽了，得以致其極，而意之所發，好善惡惡，無有不誠矣。誠意功夫實下手處在格物也。若如此格物，人人便做得；人皆可以為堯舜，正在此也。（《傳習錄》下）

陽明認為〈大學〉的主旨在於誠意，而誠意的方法，在格物致知，而物非外物，為意之所在，心外無物也。陽明以心的本體是純乎天理，心的虛明靈覺就是良知，所謂「心即理」，求理於物外，是不能明理的，要明理須從心上求，使心恢復本性。又認為良知與心體並立為良知自體，則致良知之發動處是「去人欲，存天理」，要達到心存乎天理，無一人欲之私的境界，我們必須在人欲尚未發以前加以預防的功夫，在將發生的時後加以剋制。以下列五點說明之：

（1）心是身的主宰，身不能主動的為善為惡，故修身必先正心。

（2）心的本體是善的，意欲的發動才有不善之處，故正心必先誠意。

（3）意欲的發動有善有惡，要明辨善、惡，有賴於致知，故誠意必先致知。

（4）意欲的發動必有其所在之事，這就是物，「格物」正是使每件不正之事，歸於正的的意思。「致良知「」不是懸空無實的，所以致知在格物。

（5）格物、致知、誠意、正心、修身以至於齊家、治國平天下，就可以達到「萬物合為一體」，實現了明德，達到了至善。這就是「致良知」。

陽明五十歲以後，專以「致良知」一義教人，認為此說一言便可洞見全體，是儒門之正法眼藏。所以「致良知」，便是將良知付諸實踐的根本方法，以達到知仁、義、禮、智的目標。

結　論

陽明學說之大要：

（1）心即理：天地萬物皆在吾心之中，故應窮吾心之理。

（2）知行合一：知乃行之主意，行為知的功夫；

　　　　　　　　知者行之始，行者知之成。

　　　　　　　　故須知行合一。

（3）良知即天理：提出「致良知」確立了道德自覺主體的理論。主張一切道德標準皆存在人心，不用向外求取。良知也就是本心是至善無惡的。

（4）致良知：良知乃人類知善、知惡，辨是非之本性，惟私欲常蒙蔽良知，故人立身處世，須去物欲、致良知，以達聖人之品格。

（5）格物、致知、誠意、正心、修身、齊家、治國、平天下，即可以達到了至善，是陽明的致良知說，是根據孟子的「是非之心知也」，「是非之心人皆有之」是繼承堯舜之正傳，孔氏之印之孟子學說也。

陽明的一生，就像一部思想史。他遍歷儒、墨、道各家，最後又回到儒家；終於悟透這個道。承接了「堯舜之正傳，孔氏之心印」，建立了他的思想體系。這一代的偉哲，為憂國憂民，以「此心光明」度過他憂患的一生，為天下蒼生留下了思想的明燈。他生前的一首詩中云：

四十餘年睡夢中，而今醒眼始矇矓，

不知日已過停午，起向高樓撞曉鐘；

起向高樓撞曉鐘，尚多昏睡正懵懵，

　　　　縱令日暮醒猶得，不信人間耳盡聾。

如今，王陽明已不再「起向高樓撞曉鐘」了，但他昔日所撞亮的心鐘，卻永
遠的響徹古今，永留人心。

參考書目

1. 《王陽明哲學》蔡仁厚著，三民書局出版，（1988 年 7 月再版）。
2. 《王陽明》蔡家懿著，東大圖書出版，（1992 年 1 月再版）。
3. 《中國哲學史話》吳怡、張啓鈞著，三民書局出版（2004 年 11 月三版）。
4. 《中國哲學史》王邦雄、岑溢成、楊祖漢、高柏園編著，國立空中大學
（2006 年 10 月初版九刷）。
5. 《中國哲學史綱要》范壽康著，台灣開明書局，（1967 年三月二版）。
6. 《王陽明傳習錄詳註集評》陳榮捷著，臺灣學生書局，（1983 年 12 初版）。